意味も知らずにヘヴィメタルを叫ぶな!

歌詞とイラストに加え、思わず口にしたくなる英語フレーズ付き

川嶋未来
by Mirai Kawashima

Guitar magazine
Rittor Music

Contents

はじめに……P4

PART 1

Black Sabbath
黒い安息日
byブラック・サバス……P8

COLUMN
ブラック・サバス以前の悪魔的ロック…P14

Black Metal
ブラック・メタル
byヴェノム……P15

COLUMN
ヴェノム、その真実の姿……P22

COLUMN

Black Magic
ブラック・マジック
byスレイヤー……P24

COLUMN
ノルウェーの邪悪な森……P31

The Number Of The Beast
魔力の刻印
byアイアン・メイデン……P32

COLUMN
666ビースト大行進！……P39

Regurgitated Guts
リガージテイテッド・ガッツ
byデス……P40

COLUMN
メタル界に這いよる混沌……P47

COLUMN
父と子と聖霊の御名においてメタれ！……P48

PART 2

Highway Star
ハイウェイ・スター
byディープ・パープル……P52

Special Interview
イアン・ギラン……P59

Jawbreaker
ジョーブレイカー
byジューダス・プリースト……P61

COLUMN
鞭打ち、緊縛……殺人鬼!?……P68

Unskinny Bop
アンスキニー・バップ
byポイズン……P69

COLUMN
呑んで呑んで呑まれて呑んで
……P76

Cherry Pie
いけないチェリー・パイ
byウォレント……P78

COLUMN
クスリ、ダメ、ゼッタイ！……P86

Animal(Fuck Like A Beast)
アニマル
byW.A.S.P.……P88

COLUMN
「(コンコン！)失礼しま～す！」……P95

COLUMN
ドエロ大魔王ザ・メントーズ！……P96

PART 3

2 Minutes To Midnight
悪夢の最終兵器(絶滅2分前)
by アイアン・メイデン……P100

Master Of Puppets
メタル・マスター
by メタリカ……P108

Greenhouse Effect
グリーンハウス・イフェクト
by テスタメント……P119

COLUMN
クルックル！ 手のひら返し……P126

Miracle Man
ミラクル・マン
by オジー・オズボーン……P127

Hook In Mouth
フック・イン・マウス
by メガデス……P136

COLUMN
「ペアレンタル・ガイダンス」
by 鋼鉄神……P146

COLUMN
2010年代の社会問題……P149

Indians
インディアン
by アンスラックス……P150

COLUMN
ルーツ・ブラッディ・ルーツ……P157

Rio Grande Blood
リオ・グランデ・ブラッド
by ミニストリー……P158

COLUMN
鉄の女vs鋼鉄の処女……P167

PART 4

Microwaved Uterogestation
電子妊娠料理
by カーカス……P172

Special Interview
ジェフ・ウォーカー……P178

Hammer Smashed Face
ハンマー・スマッシュト・フェイス
by カンニバル・コープス……P180

Special Interview
アレックス・ウェブスター
……P187

Suicidal Failure
スイサイダル・フェイラー
by スイサイダル・テンデンシーズ
……P191

COLUMN
Speak English or Die!?……P199

I Lit Your Baby On Fire
カモン、ベイビー！燃えてるゼ
by アナル・カント……P202

Mouth For War
マウス・フォー・ウォー
by パンテラ……P208

Special Interview
フィル・アンセルモ……P215

特別対談
冠 徹弥(THE冠)×川嶋未来…P218

はじめに

　この本の打ち合わせの場で、編集の方から、「メジャーなアーティストを中心にして欲しい」というご提案があった。まあ、そうなりますよね。私の好みに合わせて、ヴェノム、バソリー、ザ・メントーズしか出てこないような本では、10人くらいしか買ってくれないでしょうから。とは言いつつ、少々気になる点があった。ディープ・パープル、アイアン・メイデン、メタリカ、メガデス。このクラスのビッグ・アーティストについて、いまさら何かを語る余地など残されているのか。ネットで調べられないことなんて存在しないのでは、という時代だ。「Master of Puppets」はドラッグについて。「Hook in Mouth」はPMRCについて。そんなことは、少し年季の入ったメタル・ファンならば、誰でも知っている。そうでなくても、ネットで簡単に調べがつく。メタル・ファンなら誰でも知っているような有名曲の歌詞について、ウィキペディア、あるいはファンサイト以上の情報を与える文章を書けるだろうか。一抹の不安があった。

　だが、結局はいらぬ心配でしかなかった。本文中にも書いたとおり、「Highway Star」の1行目、"Nobody gonna take my car"から、いきなりつまずいてしまったのだ。この"take"はどういう意味なのか。"take"には、あまりにも多くの意味がありすぎる。英米の音楽ライターに確認してみたが、彼らの見解も割れる始末。これは解釈の問題だから、厳密に正解・不正解が存在するわけではない。作者がどういう意図を持っていたのかというだけのこと。このケースでは、たまたまイアン・ギランが質問に答えてくれたから、「正解」は判明した。しかし、もしそうでなかったら、「この文は多義的に解釈できます」ということで終わり。「歌詞なんてそれで良いではないか」という考え方もある。イアン・ギランの言うように、「意味よりも言葉の響きの方が大切」という

のも理解できる。しかし、それを言ったら、本書の存在価値は半減してしまう。せっかくこのような書籍を出版するのであれば、可能な限り作者の真意を知りたい。そう思い、解釈の難しい部分については、なるべく作者に直接あたるよう心掛けた。その結果、ネットで調べられないことなんて存在しないと思われている時代に、この本でしか得られない情報を、それなりに盛り込むことができたのではないかと思う。私自身も本書を執筆することで、非常に多くのことを学べた。内容としては、エロ、悪魔から政治的なものまで、それなりに幅広くカバーしたつもりだ。「ヘヴィメタルの歌詞」というテーマからは逸脱する部分も多々あるかと思うが、読み物として楽しんでいただけたら幸いである。

　50年近く生きてきた現在も、いまだ知らない日本語はいくらでもある。ましてや、英語は私にとって完全なる外国語だ。勘違いしていること、間違って覚えていることは多くあるに違いない。確信の持てない部分は、ネイティヴ・チェックをお願いし、万全を期したつもりではあるが、もし本書中に、「これはちょっと違うんじゃないの？」と思う部分を見つけたら、ツイッターでもメールでも構わない。ぜひともご指摘いただきたい。

　最後に、本書を執筆するにあたりご協力をいただいた、ワードレコーズの並木さん、冠 徹弥さん、トゥルーパー・エンタテインメントの宮本さん、イアン・ギラン氏、デイヴ・ムステイン氏、フィリップ・アンセルモ氏、アレックス・ウェブスター氏、ジェフ・ウォーカー氏、トニー・ドーラン氏、スティーヴ・ブロイ氏、ジョエル・マクイヴァー氏、ダイヤル・パターソン氏、デイヴ・ビーカーマン氏、そして編集担当のお二人に、心より感謝申し上げます。

2018年11月　川嶋未来

Part 1
魔王礼賛!

ヘヴィメタルとは何ぞや。其は産まれながらにして闇に生き、邪を好み、魔を奉るもの也。牧神の笛と共に歌い、外なる神の鼓動に踊るもの也。汝らこの頁を繰るもの一切の望みを棄てよ!

Black Sabbath —————— 008
黒い安息日
by ブラック・サバス

Black Metal —————— 015
ブラック・メタル
by ヴェノム

Black Magic —————— 024
ブラック・マジック
by スレイヤー

The Number Of The Beast ——— 032
魔力の刻印
by アイアン・メイデン

Regurgitated Guts —————— 040
リガージテイテッド・ガッツ
by デス

Black Sabbath

黒い安息日

Black Sabbath
ブラック・サバス

ヘヴィメタル＝悪魔を決定づけた
元祖にして至高の一曲！

　ヘヴィメタルの誕生日は1970年2月13日である。これに異論がある人は、そう多くないだろう。今から約半世紀前、13日の金曜日という不吉な日を選んでリリースされたのが、ブラック・サバスのデビュー・アルバムである。アルバム・タイトルも『Black Sabbath（邦題：黒い安息日）』、そして、そのオープニング・ナンバーも同じく「Black Sabbath」。21世紀の現在も凄まじいインパクトを放つこの曲を、50年前にリアルタイムで聴いたら、本当に卒倒してしまったのではないか？　そう思うくらい恐ろしく、不気味な曲だ。これ以前には、こんな恐ろしい曲は存在していなかった。つまり、70年2月13日に向けて、だんだんと音楽が不気味化していったのではないということ。それまでアースというバンド名でブルースのカヴァーを中心にプレイしてきたトニー・アイオミ（g）、ギーザー・バトラー（b）、オジー・オズボーン（vo）、ビル・ワード（d）の4人が、突然変異的にこんな邪悪な音楽を生み出したとしか思えないのだ。もしかするとこの曲は、人智を超えた力で書かれたのかもしれない。そう思わせる逸話がある。ある日、一切の事前打ち合わせをしていないにも関わらず、突如トニーとギーザーの2人が、同じリフを同じテンポで弾きだした。それが「Black Sabbath」だった、とオジーが証言しているのだ！　信じるか信じないかはあなた次第、というかオジーが2人にかつがれただけかもしれないが、こんな話がリアルに響くほど、「Black Sabbath」の不気味さは群を抜いている。

　ひたすらトライトーン（この場合はGとC♯）を繰り返す、「恐ろしい」以外に形容しようがないこの曲は、いわゆる西洋の「普通の」音楽が

持つ原理をまったく無視して書かれている。私たちに馴染みの西洋音楽は、基本的にトライトーンが醸し出す不安感が、安定したコードへと解決する力をエネルギーにして成立している。例えばG7にはBとFというトライトーンが含まれているため、これはCというコードに進んで安定したいという力を持っているとされ、実際私たちの耳は、G7の次にはCを予測するよう訓練されている。しかし、この「Black Sabbath」では、GとC♯という不安定で不気味に響く音程が、解決されることなく延々と繰り返されるのだ。そりゃ怖いし、不安になって当然だ。そして、そこにかぶさるこれまた異様なオジーのヴォーカル。怖い曲ランキングがあれば、これが上位に食い込むのは間違いないだろう。大人になった今でも夜中に一人では聴きたくないものだ。

　当然、歌詞も音楽に負けず劣らず不気味。"Black Sabbath" というバンド名は、イタリアの映画監督であるマリオ・バーヴァの同名の映画からインスピレーションを受けたとされているが、この曲の内容は、ギーザー・バトラーの個人的恐怖体験に基づいているようだ。

　ある日、オジーがどこからか盗んできた16世紀の黒魔術に関する学術書をもらったギーザー。夜ふと目を覚ますと、ベッドの足元に、黒い影が不気味に蠢いているではないか！　恐怖に凍りつくギーザー。しばしその影を見つめていると、それはゆっくりと消えて行ってしまった。あまりの恐ろしさに窓から投げ捨てた学術書も、そのままどこかへ消えてしまったのだそう……。

　歌詞を読んでみよう。"What is this that stands before me?" は、"this" と "that" が連続していて一瞬とまどうかもしれないが、何のことはない、"that" の方は関係代名詞。俺の前に立っているものは、正体がわからないので "this" としか表現できないのだ。"Figure in black" というのは、「黒い服を着た人の姿」ともとれるが、ギーザーの恐怖体

験に基づけば、シンプルに真黒い影ということだろう。

　次の "Satan's coming 'round the bend" という部分は少々引っかかる。"be around the bend" には、「狂っている」という意味があり、"go around the bend" ＝「気が狂う、怒り狂う」なんていう言い方もある。「サタンが怒り狂い、人々が逃げ回る」というシーンもしっくりくるが、ここでは "go" ではなく、"come 'round the bend" となっている。これだと単に「現れる」、つまり "bend" ＝「カーブ」を曲がってこちらにやって来る、だんだん姿が見えてくる、という意味になる。サタンは怒り狂っているのではなく、その巨大な姿をゆっくりと現しているのだ。

　"The people better go" というのは、正しくは "The people had better go"。受験英語にもよく出て来る "had better 〜" ＝「〜したほうがいいよ」という、かなり上から目線の言い回しだ。口語ではしょっちゅう "You better 〜" みたいな形で、"had" を省いて使われる。これら以外、特に難しい部分はないだろう。

　先ほども述べたように、ヘヴィメタルという音楽は、このアルバムとともに誕生したと考えて差し支えない。スラッシュ・メタル、デス・メタル、ブラック・メタル、そしてもちろんドゥーム・メタル。際限なく多様化しているヘヴィメタルの世界であるが、直接的にしろ間接的にしろ、このアルバムから影響を受けていないバンドなど存在しない。どんなバンド、楽曲も、たどっていけば、必ずブラック・サバスに行きつくのである。ヘヴィメタルは悪魔の音楽として誕生したのだ。

Black Sabbath

Words&Music by BUTLER,IOMMI,OSBOURNE,WARD

What is this that stands before me [*1]
Figure in black that points at me [*2]
Turn around quick, and start to run [*3]
Find out you're the chosen one,Oh no! [*4]

Big black shape with eyes of fire [*5]
Telling people their desire
Satan's sitting there he's smiling
Watch those flames get higher and higher, [*6]
Oh no, no

Please God help me!

This is the end my friend
Satan's coming round the bend [*7]
People running 'cos they're scared [*8]
Yes people better go and beware [*9]
No! no! please! no!

*1：that は関係代名詞。

*2：figure in black＝真黒い影。

*3：turn around＝向きを変える。

*4：find out＝～であることがわかる。

*5：巨大な黒い影、サタンだ！

*6：知覚動詞 watch。
学校で習いましたね。

*7：come around the bend
＝現れる。

*8：'cos＝because の短縮形。

*9：had better の短縮形。

BLACK SABBATH
by BUTLER,IOMMI,OSBOURNE,WARD
© by ONWARD MUSIC LTD.
Permission granted by KEW MUSIC JAPAN CO,.LTD
.Authorized for sale in Japan only.

Black Sabbath
ブラック・サバス

今なお多大な影響力を持つヘヴィメタルの始祖

PROFILE

1968年、英バーミンガムで、オジー・オズボーン（vo）を中心にトニー・アイオミ（g）、ギーザー・バトラー（b）、ビル・ワード（d）で結成。当初はアースと名乗っていたが、ギーザーの発案によりブラック・サバスと改名し、70年に『Black Sabbath』でデビューする。78年の8作目『Never Say Die!』を最後にオジーが解雇されるものの、2013年に復帰し、最終作『13』を発表。17年に解散する。メタル・シーンのみならず多くの後進に多大な影響を与えた。

収録アルバム

『Black Sabbath（黒い安息日）』

1970年の2月、"13日の金曜日"にリリースされたデビュー・アルバムで、制作は二日間で行なわれたという。「Evil Woman (Don't Play Your Game With Me)」はクロウの、「Warning」はエインズレー・ダンバーズ・リタリエーションのカヴァー。次作『Paranoid』（70年）も手がけるキーフによる不気味なアートワークも秀逸。

Column

ブラック・サバス以前の悪魔的ロック

　ブラック・サバス以前にも、ロックの世界に悪魔が登場することはあった。あのビートルズの名作、『Sgt. Pepper's Lonely Hearts Club Band』(67年) のジャケットには、イギリスの魔術師アレイスター・クロウリーが登場しているし、ローリング・ストーンズは『Their Satanic Majesties Request』(67年) なんていうアルバムをリリースしている。69年にリリースされた、アメリカのロック・バンド、コヴェンによるデビュー作、『Witchcraft Destroys Minds & Reaps Souls』は、音こそ初期のジェファーソン・エアプレインみたいだが、コンセプトはすべてがオカルト、悪魔一色。中ジャケでは女性ヴォーカリスト、ジンクス・ドーソンが全裸で祭壇に横たわっており、アルバムのB面には、13分に渡る黒魔術の儀式の実況中継を収録。チャーチ・オブ・サタンのアントン・ラヴェイは、コヴェンがヘッドライナーの"サタニック・ウッドストック"という大型フェスを企画していた、なんていう話もある。残念ながら実現しなかったが。

　イギリスのブラック・ウィドウの存在も、忘れるわけにはいかない。彼らのファースト・アルバム『Sacrifice』は70年3月、ブラック・サバスのデビューの翌月にリリースされている。フルートやサックスを大々的にフィーチャしたこの作品は、ヘヴィメタルのような重さはないが、とにかく暗くイーヴルであり、特にドゥーム・メタル・バンドの中には彼らから影響を受けたものも少なくない。ステージでは全裸の女性を生贄に捧げる儀式まで行なっており、ブラック・サバスのオカルト路線は彼らからヒントを得たという話もある。

　コヴェンもブラック・ウィドウも、セカンド以降商業的成功を求め、悪魔色を排除していった結果、インパクトが薄れ、ファンを失ったのは皮肉。

コヴェン
『Witchcraft Destroys Minds & Reaps Souls』
(69年)

ブラック・ウィドウ
『Sacrifice』(70年)

Black Metal

ブラック・メタル

Venom
ヴェノム

"ブラック・メタル"を生み出した
悪魔的大爆走スピード・チューン！

　ブラック・サバスが作りだした「ヘヴィメタル＝悪魔の音楽」というイメージを決定的なものにしたのが、このヴェノムだ。もちろんヴェノム以前にも、サタニックなイメージを継承したバンドはいた。だが、ヴェノムのその徹底ぶりは、群を抜いていたと言える。81年のデビュー・シングルが、「In League with Satan」。つまり、「サタンとグルになっている、結束している」という意味。（日本語にするとあまりカッコよくないけど）。そして同じく81年にリリースされたデビュー・アルバムが、『Welcome To Hell』＝「地獄へようこそ」である。

　タイトルや歌詞だけではない。ヴェノムはあらゆる点において、イーヴルなイメージを行き渡らせていた。3人のメンバーの名前は、クロノス（vo & b）、マンタス（g）、アバドン（d）と、ギリシャ神話や聖書の『黙示録』などからの引用だし、ジャケットも逆ペンタグラムに悪魔を象徴する山羊。もちろん音楽的インパクトも凄まじかった。『Welcome To Hell』収録の「Witching Hour」は、モーターヘッドの「Overkill」をさらに一歩過激にした、世界初のスラッシュ・ソングと言えるもの。スラッシュ・メタルの歴史はここから始まったのだ。ちなみにこの曲、当時の日本盤では「魅せられた時」という、よくわからない邦題がつけられていた。本来は、日本語で言う「丑三つ時」という意味である。

　82年にリリースされた彼らのセカンド・アルバム『Black Metal』は、その後ジャンル名になったほどの影響力を持つ作品。実のところ、タイトル曲の歌詞はメタル・アンセム的、そしてヴェノムの決意表明的内容であり、イーヴルなものではない。それどころか、強引な韻もあい

まって、むしろ微笑ましい雰囲気を持っているとさえ言える。

　順を追って見ていこう。冒頭からして「夜は黒く、俺たちの戦うメタル」と、日本語にするとほとんど意味不明だが、これも "night" と "fight" で韻を踏んだ結果だ。ヴェノムは歌詞の内容よりも、韻を重視したがるバンドなのだ。その結果、「エネルギーが叫び、魔法と夢」、「俺たちは鐘を鳴らす、混沌と地獄」など、よく考えると意味がわからないパートが頻出する。それもまたヴェノムの醍醐味なのだが。その極め付きが2コーラス目の "Freaking so wild, nobody's mild" だろう。「ワイルドに興奮して、マイルドなやつはいねえ」って、日本語にしてもアレだが、これは英語でもネイティヴは思わず微笑んでしまうフレーズである。

　"Satan records the first note" というのは、文字通り「サタンが最初の音を録音した」という意味。演奏しているのはヴェノムだが、彼らにインスピレーションを送っているのはサタンなのである（この部分、"their first note" としているソースもあるが、現ヴェノム Inc. のヴォーカリスト、トニー・ドーランは "the" を正としている。"their" だとニュアンスが異なってくる）。"Brain hemorrhage is the cure for Black Metal" は、そのまま訳せば「脳内出血こそブラック・メタルの治療法」とイマイチよくわからないが、「脳内出血」というのは、激しいヘッドバンギングの比喩である。ヴェノムを聴くと、思いっきりヘッドバンギングせずにはいられないということを、詩的に表現しているのだ。

　サビは「神のロックンロールに魂を捧げろ」。あれ、サタンのロックンロールじゃなくて神？と一瞬思ってしまうが、ヴェノムは自らを「ブラック・メタル・ゴッズ」と称しているのである。「ブラック・メタル」という単語は、ヴェノムの発案。82年の時点で「ブラック・メタル・ゴッズ」と言えば、ヴェノム以外存在しえなかったのだ。ドラマーのアバドンは、「ボン・ジョヴィなんかがヘヴィメタルなら、俺たちはヘヴィメタルじゃ

なくて結構だ！」と思い、「ブラック・メタル」という新しい名称を考えたとしている（しかし、ボン・ジョヴィの結成は83年なので、時系列的に合わない。おそらく別のアーティストのことだったのだろう）。

　続くサビ後が実にカッコいい。"ten fold" は「十倍の」と言う意味だが、転じて「大量の」ということだ。"Metal ten fold" =「大量のメタル軍団」が、"through the deadly black hole" =「致命的なブラックホールを通ってやってくる」。当時ヴェノムがやっていた音楽は、まったく新しいもの。ただのノイズだと揶揄するものも少なくなかった。これから自分たちがどうなっていくのか先が見えない状況を「ブラックホールを通って」と表現しているのだ。"stallions bareback" というのは、「鞍をつけていない種馬」、つまり「野生の馬」ということ。野性の暴れ馬に乗っているというのは、まさに開拓者のイメージ。まったく新しい音楽で戦っていたヴェノムにぴったりのフレーズだ。

　なんていう具合に、ブラック・メタルの元祖は、決して「教会を焼き払え！」なんて歌っていたわけではないのだ（ちなみにこれらの解説は、前述のトニー・ドーランの解釈に基づいている）。

Black Metal

Words & Music by Anthony Bray, Jeffrey Dunn, Conrad T Lant

Black is the night[1], metal we fight[1]

Power amps set to explode.

Energy screams[2], magic and dreams[2]

Satan records the first note.[3]

We chime the bell[4], chaos and hell[4]

Metal for maniacs pure.

Faster than steel[5], fortune on wheels[5]

Brain hemorrhage is the cure[6]

For BLACK METAL

lay down your soul to the gods rock 'n' roll[7]

Freaking so wild[8], nobody's mild[8]

Giving it all that you got.

Wild is so right[9], metal tonight[9]

Faster than over the top.

Open the door[10], enter hell's core[10]

Black is the code for tonight

Atomic force[11], feel no remorse[11]

Crank up the amps now it's night

BLACK METAL

lay down your soul to the gods rock 'n' roll

metal ten fold[12] through the deadly black hole

riding hell's stallions[13] bareback and free

taking our chances[14] with raw energy

*1:いきなり強引な韻!

*2:強引な韻!

*3:their first note とするソースも有。

*4:強引な韻!

*5:強引な韻!

*6:脳内出血＝ヘッドバンギングの比喩。

*7:神のロックンロールに魂を捧げろ!

*8:強引な韻!　ワイルド１回目。

*9:強引な韻!　ワイルド２回目。

*10:強引な韻!（でもないか）

*11:強引な韻!

*12:ten fold＝大多数の。

*13:地獄の野生の馬。

*14:take one's chances＝出たとこ勝負をする。

Come ride the night with us

Rock hard and fight

United my legions we stand

Freak hard and wild for us *15

Give up your souls

Live for the quest Satan's band

*15 : ワイルド3回目。同じ単語使いすぎ。

Against the odds, black metal gods *16 *16

Fight to achieve our goal

Casting a spell, leather and hell *17 *17

Black metal gods rock 'n' roll

Building up steam, nuclear screams *18 *18

War-heads are ready to fight

Black leather hounds, faster than sound *19 *19

Metal our purpose in life. *20

BLACK METAL

lay down your soul to the gods rock 'n' roll

BLACK METAL

*16 : 強引な韻！

*17 : 強引な韻！

*18 : 強引な韻！

*19 : 強引な韻！

*20 : メタルこそ俺たちの人生の目的。カッコいい！

BLACK METAL
Words & Music by Anthony Bray, Jeffrey Dunn, Conrad T Lant
© Copyright by Notting Hill Music(UK) Ltd.
The rights for Japan licensed to Sony Music Publishing(Japan) Inc.

Venom
ヴェノム

Photo/Getty Images

制御不能に爆走するブラック・メタルの父!

PROFILE

　ギロチン、オベロン、ドワーフ・スターといったバンドからメンバーが集まり、1978年に母体が結成。79年にコンラッド・ラント（クロノス：vo & b）が合流し、81年にデビュー・アルバム『Welcome To Hell』を発表する。メンバーは、悪魔的モチーフを意図的に出すため、マンタス（g）、アバドン（d）といったステージ・ネームを用いた。87年にクロノスが脱退するものの、95年にオリジナル・ラインナップが再集結。現在は本家とヴェノム・インクに分かれて活動。

収録アルバム

『Black Metal』

　エクストリーム・メタルの元祖とも言える1982年リリースの第2作。「Buried Alive」の、埋葬の様子を表わすSEは実際にスタジオに泥とシャベルを持ち込んで録られたもの。また、「Countess Bathory」では、アバドン不在時にローディが適当に叩いたリズム・パターンが採用されている。ロゴとアートワークはクロノス作。

ヴェノム、その真実の姿

確かにヴェノムはイーヴルなイメージを前面に押し出していた。しかし、それはあくまでイメージ。メンバーに、本気のサタニストなどいなかった。彼らは『オーメン』や『エクソシスト』といったホラー映画からインスパイアされ、100%エンターテインメントとして悪魔を演じていたにすぎないのだ。

前出したアルバム『Black Metal』には、「Teacher's Pet」なんていう曲も収録されている。女教師に誘われて放課後思わず……、というどうしようもない、しかしながら最高にカッコいい、実にヴェノムらしい曲だ。「Teacher's Pet」とは、

▲ヴェノムと言えばこの雄姿！『Black Metal』発表時のラインナップで、上からクロノス（vo & b）、マンタス（g）、アバドン（d）。

「先生のお気に入りの生徒」という意味の決まり文句。決してエロい意味を持つ言い回しではない（そもそも"女教師"という単語だって、それ自身エロい意味を持つわけではないですからね）。とにかく、この曲の歌詞は秀逸。出だしから「机の下でマスターベーションをしていたら先生に見つかった」。先生は怒るどころか、「それじゃ放課後ね♡」とウィンクしてくるのだ！　めちゃくちゃにも程がある!!　授業中にマスターベーションしているだけでも狂ってるのに、さらにそれを見つけた先生が誘ってくるなんて、完全に三流以下のエロビデオ。男の下らなすぎる妄想は、世界共通なのだろう。でまあ、そんな誘いを断るやつなんているはずもなく、憧れの先生と忘れられない一日を過ごしました、というハッピー・エンドになるわけだが、結局ヴェノムにとっては、サタンもエロも、同じエンターテインメントだったということだろう。

だが、90年代初頭、ノルウェーに現れたブラック・メタル・バンドたちは違った。彼らはヴェノムがエンターテインメントとして提示したサタニズムを、「あえて本気に」受け取ったのだ！

Column

ブラック・メタルが産まれた日

　ヘヴィメタルはもともとヘヴィメタルという1つのジャンルでしかなかった。だが、やがてスラッシュ・メタルが生まれ、スラッシュ・メタルはさらに過激化してデス・メタルとなり、なんていう具合に、次々と新しいジャンルが生まれつづけ、今ではヘヴィメタルという枠内に、一体いくつのサブ・ジャンルがあるのかすら把握不可能な状況。で、普段みんなが当たり前のように使っているさまざまなジャンル名だが、その名付け親となると、実ははっきりしないことが多い。例えば「スラッシュ・メタル」。イギリスのKerrang!誌におけるアンスラックスの『Metal Thrashing Mad』の記事内で、マルコム・ドームが使用したのが、記録として残っているものとしては最古とされている。84年初めのことだ。しかし、ストリート・レベルではこれ以前から使われていたと証言するものも少なくない。「デス・メタル」の起源にも複数の説がある。アメリカのスラッシュ・メタル・バンド、ポゼストは、彼らの84年のデモ『Death Metal』こそがその語源だと主張しているが、同じく84年には、『Death Metal』というヘルハマーやランニング・ワイルド、ハロウィンなどをフィーチャしたオムニバス・レコードもリリースされている。フロリダのデスが、『Death by Metal』というデモをリリースしたのも84年だ。そもそも「ヘヴィメタル」というジャンル名ですら、60年代終わりから何人かのジャーナリストが使うようになり、次第に広まっていったという程度のことしかわかっていない。

　ところが、「ブラック・メタル」だけはヴェノム発であることがはっきりしている。これに異論を唱えるものはいない。ムーヴメントとしては、スラッシュ→デス→ブラックという順で発生したが、語源に関して言えば、ブラック・メタルはスラッシュよりも、デスよりも古いのである！

ポゼスト
『Death Metal』（デモ・テープ：84年）

V.A.
『Death Metal』（84年）
＊ランニング・ワイルド、ヘルハマー、ハロウィン、ダーク・アヴェンジャーによるコンピレーション盤。

Black Magic

ブラック・マジック

Slayer
スレイヤー

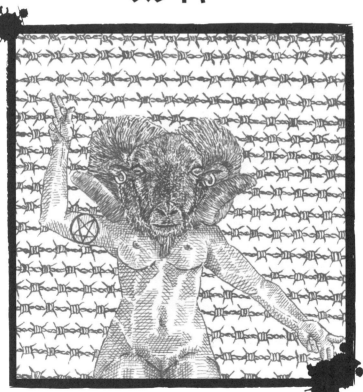

速く、さらに速く！
イーヴルに、よりイーヴルに！

　ヴェノムがデビュー・アルバム『Welcome To Hell』の「Witching Hour」で、そして続く『Black Metal』のタイトル曲で示したスラッシュ・メタルのプロトタイプを完成型にしたのが、スレイヤーのデビュー・アルバム『Show No Mercy』であった。83年という時点で、少なくともヘヴィ・メタルのフィールドにおいて、ここまで速い曲で埋め尽くされたアルバムなど前代未聞であった。「おいおい、これのどこが速いんだよ？」と言いたくなる若い人たちの気持ちもよくわかる。私も大人になってからこのアルバムを聴き直して、「こんなに遅いアルバムだったっけ？」と思ったもの。だが、当時はこれが凄まじく速く聴こえたのだ。初めてこのアルバムを聴いたときの感想は、誇張抜きで「速すぎて曲の区別がつかない」というものだった。ところで、このアルバム、リフという観点からすると、スレイヤー史上最強なのではないか。スラッシュ・メタルのアルバムとしての完成度からすると、サード・アルバム『Reign In Blood』に軍配が上がるかもしれない。しかし『Reign In Blood』に、デビュー作収録の「The Antichrist」に匹敵するようなリフが収録されているだろうか？

　ヴェノムが提示した、「スラッシュ・メタル＝イーヴル」というイメージを継承したのもスレイヤーである。まずジャケットからして逆さまのペンタグラムに悪魔を象徴する山羊。これはヴェノムの『Welcome To Hell』とまったく同じ構成要素だ。さらに当時のLPはA面が「Side 6」、B面が「Side 66」になっていた。生贄の女性に目の周りを黒く塗ったメイクアップというおなじみのプロモーション写真からして、スレイヤーがヴェノムの影響下にあるイーヴルなバンドであったことは間違い

ない（少なくとも最初の3枚は）。

『Show No Mercy』は、収録曲のタイトルを見ているだけでワクワクする。オープニングからして「Evil Has No Boundaries」、つまり「イーヴルに限界はない」だ。しかもサビが「イーヴォー!!」の大合唱。これで興奮するなという方が無理。「The Antichrist」なんていうストレートすぎるタイトルも最高。そしてここで紹介する「Black Magic」も、シンプルかつストレートかつイーヴル。というか、ほとんど内容は皆無だ。「黒魔術をかけられちゃった、何とかしたいけどどうしようもない、俺は死ぬ」。ただそれだけ。黒魔術、悪魔主義に対する造詣など、一切感じさせないのがまた良い。当初地獄に叩き落されたのは "we" なのに、後半はずっと "I"、"my" と単数になっているなど、かなりの適当感もある。学校の作文なら相当の減点だ。だが、それが良いのだ。このいい加減さこそがスラッシュ・メタルの真髄、初期衝動なのであるから！

ところが、のちに衝撃の事実が判明する。ヴォーカリスト兼ベーシストのトム・アラヤが、実はクリスチャン、しかもカソリックの信者であることを告白したのだ！　いや、まあいいですよ。もちろん信仰は自由ですから。しかし、それにしてもカソリックの信者が「俺はアンチクライスト！　それこそが俺の運命！」なんて歌っているなんて、誰が想像できただろう？　トム・アラヤ自身はこのことについて、「俺は非常に強い信念体系を持っているからね。ただの言葉でしかないスレイヤーの歌詞が、俺の信念に影響したりしないから」とシレッと言ってのけているが。

サード・アルバム『Reign In Blood』（86年）でスラッシュ・メタルの頂点を極めたスレイヤーは、4枚目の『South Of Heaven』（88年）で一気に路線変更を図る。思いっきり曲のテンポを落としたことに加

え、歌詞についても大幅な軌道修正をしたのだ。それまでジェフ・ハンネマン、ケリー・キングというギタリスト2人組が握っていた歌詞の主導権が、トム・アラヤへと移された。もちろん、だからといっていきなりスレイヤーがクリスチャン・メタルになったわけではない。だが、中絶をテーマとした「Silent Scream」や（カソリックは中絶を認めていない）、戦争を「強制された自殺」と詩的に表現した「Mandatory Suicide」を見るにつけ、呪われた黒魔術の夜からは、ずいぶん遠いところまでやってきたと感じずにはいられない。

　そしてまた、スレイヤーのこの路線変更は大成功だったことは間違いない。80年代終わりからスラッシュ・メタルは露骨に斜陽ジャンルとなり、多くのスラッシュ・メタル・バンドは路線変更するも失速。しかしスレイヤーはこの難局にうまく対応し、21世紀までトップを走り続けた。4枚目以降もBPMを落とすことなく、サタンや死の天使について歌い続けていたら、今のスレイヤーはなかったであろうことは想像に難くない。

Black Magic

Words & Music by Kerry King and Jeff Hanneman

[*1] Cursed
[*2] Black magic night
[*3] We've been struck down
Down in this Hell
Spells surround me day and night [*4]
Stricken by the force of evil light
The force of evil light

Cast
Under his spell [*5]
Blinding my eyes [*6]
Twisting my mind
Fight to resist the evil inside
Captive of a force of Satan's[*7] might[*8]
A force of Satan's might

[*9] Fighting the curse
Break it I must [*11]
Laughing in sorrow [*10]
Crying in lust

My strength slips fast
Soon I must fall
Victim of fortune
My sources grow small [*11]

*1：呪われた。

*2：黒魔術の夜！　カッコいい！！

*3：地獄に叩き落されたのは、ここでは"we"。

*4：なのに、呪文に囲まれるのは"me"。

*5：his とはサタンのことか。

*6：blind＝動詞だと、目をくらませる、目を見えなくする。

*7：サタン登場！
*8：might＝力。

*9：呪いに負けるな！

*10：悲しみに笑い、欲望に泣く、よく意味がわからないけどカッコいい。

*11：命の源が小さくなっていく＝死が近い、変な言い回しだが、fall, small で韻を踏むためだろう。

Life slips away
*12
As demons come forth

Death takes my hand
*13
And captures my soul

*12：なぜかサタンではなくデーモンが登場！ come forth＝現れる。

*13：抵抗むなしく死んでしまいました。

BLACK MAGIC
Words & Music by Kerry King and Jeff Hanneman
© BLOODY SKULL MUSIC
The rights for Japan assigned to Fujipacific Music Inc.

Slayer
スレイヤー

暴虐を貫き通すスラッシュ・メタルの帝王

PROFILE

　1981年、ケリー・キング（g）とデイヴ・ロンバード（d）を中心に、トム・アラヤ（vo & b）、ジェフ・ハンネマン（g）で米カリフォルニアにて結成。メタル・ブレード・レコードのブライアン・スレイゲルに見い出され、コンピレーション参加を経て83年にデビュー作『Show No Mercy』を発表する。同時期に勃興したスラッシュ・メタルの旗手として、"BIG 4"のひとつに数えられるが、13年にジェフが死去、18年にツアー活動からの引退を発表した。

収録アルバム

『Show No Mercy』

　貯金の切り崩しや借金など、ほぼ自主制作で作られた1983年リリースのデビュー・アルバム。旧来のメタルにはない圧倒的なスピード感を打ち出し、スラッシュ・メタルの特異性を如実に体現した。ジャケットの剣を構えた山羊頭の怪物は、バンドの友人であり、ドラム・テックや照明を担当していた人物の父親が描いたもの。

ノルウェーの邪悪な森

　80年代の前半、スラッシュ・メタルは悪魔の音楽そのものだった。ブラック・サバス〜ヴェノム〜スレイヤーというイーヴル路線が、スラッシュ・メタルの王道だったのだ。その傾向が顕著だったのはヨーロッパ。ドイツ・スラッシュ三羽烏として今もなおシーンの最前線を行くクリエイター、デストラクション、ソドム。後にケルティック・フロストへと変身するスイスのヘルハマー。スウェーデンのバソリー。いずれもイーヴルなイメージを前面に押し出し、歌詞はサタン、デヴィル、ヘルで埋め尽くされていた。だが、86年にメタリカの『Master Of Puppets』が信じられないような成功を収めると、悪魔はメタルの世界から追放され、代わりに反戦や環境汚染などの社会問題について歌うのがクールだという風潮ができあがってしまった。

　これに「No」を突きつけたのが、ノルウェーのブラック・メタル勢だ。90年代初頭、メイヘムやバーズムといったバンドが中心となり、ブラック・メタルのムーヴメントが起こった。彼らはヴェノムやバソリーといった80年代前半のイーヴルなバンドを崇め、実際に教会を焼き打ちにするなどの犯罪行為にまで手を染めたのだ。ムーヴメントの中心にいたメイヘムのギタリスト、ユーロニモスは、ヴェノムが「本気でなかった」ことを承知しつつ、「ヴェノムのせいで命を落とした人間が6人いる」と発言（そんな事実はないが）。自分たちのやっている音楽を、「ブラック・メタル」であると定義した。80年代を通じ、特にイーヴルなイメージを持つバンドを「ブラック・メタル」と呼ぶことはあったが、サウンド面を含め、ブラック・メタルがどのような音楽であるのかという共通認識が出来上がったのは、このノルウェーのムーヴメント以降のことである。

メイヘム
『De Mysteriis Dom Sathanas』(94年)

バーズム
『Burzum』(92年)

The Number Of The Beast

魔力の刻印

Iron Maiden
アイアン・メイデン

ヘヴィ・メタル・ファンに刻み込まれた獣の数字666！

　メタル・ファンならば、コンビニでの会計金額が666円だったり、「666」というナンバープレートの車を見たりしただけで、無条件にテンションがあがるもの。「666」という数字は、もともと『新約聖書』の『ヨハネの黙示録』に登場する。『ヨハネの黙示録』というのは、ヨハネという人物が見た終末の様子が描かれた「預言書」とされているが、そこには未来の「予言」も含まれているという。例えば、中には「苦ヨモギという名の星が川に落ち、川の1/3が毒され、人が死ぬ」なんていうくだりがあるが、ロシア語で「ヨモギ」はチェルノブイリなのだ！　とにかくそのままブラック・メタルの歌詞にできそうなカッコいいフレーズ満載で、メタル・バンドにも大人気の『ヨハネの黙示録』だが、「666」のパートはとりわけ有名。日本語訳にもバリエーションがあるが、だいたい「ここに知恵がある。理解あるものは、獣の数字を数えてみよ。それは人間の数字なのだから。その数字は666である」という内容。実際、何のことなのかはさっぱりわからないが、それゆえに多くのアーティストたちの想像力をかきたててきた。

　このいわゆる「獣の数字」をポピュラーにしたのは、やはり映画『オーメン』だろう。幼いダミアンの周囲では、不審死が相次ぐ。乳母が首吊り自殺をし、神父は串刺しになる。そりゃそうだろう。何しろダミアンは、6月6日6時に生まれた、頭に666のアザを持つ悪魔の子なのだから！

　メタル界においても、獣の数字を題材にした楽曲は数多く存在しているが、「666」と言われて誰もが1番に思い浮かべるのは、やはりアイアン・メイデンだろう。新たにヴォーカリスト、ブルース・ディッキン

ソンを加えリリースされた彼らのサード・アルバムのタイトルは、その名もズバリ『The Number Of The Beast（邦題：魔力の刻印）』。こんなストレートなタイトルのアルバムを見て、キリスト教団体が黙っているはずがない。だが、「アイアン・メイデンは悪魔のバンドだ！」なんて言われたら、余計興味を持ってしまうのが子供というもの。アイアン・メイデンにとって、宗教団体の攻撃は、最高の宣伝材料となったのだ。

　本アルバムのタイトル曲は、『ヨハネの黙示録』の朗読で始まる。もともとはアメリカのホラー俳優、ヴィンセント・プライスに依頼するはずが、ギャラが高すぎて断念したというエピソードも伝わるこのパートだが、内容はちょっと変。「666」パートは『ヨハネの黙示録』の第13章に登場する。しかし "woe to you" で始まるこの朗読の前半は、第12章からの引用なのだ。ちなみにこの "woe to you"、実は非常に解釈が難しい。何だか日本語では一律「〜に災いあれ」と訳されてきた感があるが、そんな単純なものではない。"woe" という聖書の至るところに出てくるこの単語は、神の悲しみ、怒り、後悔、警告などを、物凄い勢いで表すとされ、そのいずれなのかは完全に文脈依存。「聖書の "woe" ってどう解釈すればいいの？」みたいな英語のサイトがあるほどだ。ここで引用されている部分は、「天国そしてそこに住むものたちよ、喜べ」というフレーズに続くもの。つまり、喜んでいる天国の住人とは反対に、「ひじょ〜〜〜うに残念ですが、地上と海には悪魔が怒りとともに獣を送り込んでしまったものでして……」とでも解釈すべきだろう。そして "Let him 〜" からが、有名な第13章の引用である。なぜわざわざ2つのパートをツギハギしたのかはわからない。適当にカッコよさそうなところを持ってきてつなげたのだろうか。

　で、曲の本編に入ると、『黙示録』は一切関係なくなる。"left

alone" は受け身であれば、「ひとり取り残される」ということだが、ここは過去形の能動態なので、「俺は一人立ち去った」ということ。主人公は悪魔の儀式を目撃してしまい、呆然自失のまま現場から立ち去った。一人我に返り、目撃したものをゆっくりと思い出していくという構成だ。だが、目にしたものが現実なのか、それともただの夢なのか、はっきりわからない（別にわからなくてもいいのだけど、曲中ずっとしつこく問い続けすぎだろう！）。

場面は、悪魔の儀式の描写へ。松明が燃え盛り、儀式の参加者たちは詠唱し、手を空に突き上げ、ついに生贄が捧げられる。さすがにこれはまずい。警察に知らせなくては。"inform the law" というのは、かなり古めかしい言い方だ。しかし、やがて主人公は、彼らが持つ力に吸い寄せられてしまう。儀式の参加者たちは、"mesmerize"＝催眠術をかけてきているようだ。

最終節では、なぜか突然悪魔視点に。俺は戻ってくる。俺はお前の肉体を奪い、お前を焼く。ラストの "I have the power to make my evil take its course" は多少わかりにくい。"take its course" は辞書を引くと「成り行きにまかせる」というのが主な意味として出ているが、「行きつくところまで行く」というニュアンスを持つ。つまりここでは「俺の邪悪な力が隅々まで広がっていく」みたいなイメージだ。

ベーシストであるスティーヴ・ハリスの手によって書かれたこの曲の歌詞は、『オーメン』の続編である『オーメン2』と、彼が見た夢に基づいていると言われている。しかし『オーメン2』には別に悪魔の儀式のシーンがあるわけでない。最終節に出て来る「俺には力がある」、「お前を燃やしてやる」というフレーズは、映画の終盤で自らの力を自覚したダミアンが、育ての母を焼き殺すシーンを思わせるが……。

The Number Of The Beast

Words & Music by Steven Harris

*1
"Woe to you, oh Earth and sea,
for the Devil sends the Beast with wrath
Because he knows the time is short
*2
Let him who hath understanding reckon
the number of the Beast
For it is a human number, its number is
six hundred and sixty six"

*3
I left alone my mind was blank
I needed time to get the memories from my mind

What did I see can I believe that what I saw
that night was *4 real and not just fantasy

Just what I saw in my old dreams were they
*5
reflections of my warped mind staring back
at me

*6
Cos in my dream it's always there
the evil face that twists my mind and brings me
to despair

The night was black was *7 no use holding back
Cos I just had to see was someone watching me
In the mist dark figures move and twist
was this all for *8 real or some kind of hell

---

*1：『黙示録』から。しかしここは12章からの引用。

*2：ここから"666"でお馴染みの13章！

*3：left は leave の過去形。"left alone" は文字通り、「1人立ち去った」という意味。

*4：俺が見たものは現実なのか？

*5：やっぱり現実ではなく、俺の歪んだ心が作りだしたものなのか？

*6：夢の中ではいつもそれ（邪悪な心）は存在しているからなあ。

*7：no use holding back ＝気持ちを抑える必要はない。

*8：これは現実なのか？ for real ＝本物の。

*9
666 the number of the beast
Hell and fire was spawned to be released
*10

*11
Torches blazed and sacred chants were praised
as they start to cry hands held to the sky
In the night the fires burning bright
the ritual has begun Satan's work is done
*12
666 the number of the beast
*13
Sacrifice is going on tonight
*14

This can't go on I must inform the law
*15
Can this still be real or just some crazy dream
*16
but I feel drawn towards the evil chanting hordes
They seem to mesmerize me ... can't avoid their eyes
*17
666 the number of the beast
*18
666 the one for you and me
*19

I'm coming back I will return
*20
And I'll possess your body and I'll make you burn
*21
I have the fire I have the force
I have the power to make my evil take its course
*22

*9 : "666" = 獣の数字!

*10 : spawn= 産む、引き起こす。

*11 : 松明と詠唱。悪魔の儀式だ!

*12 : サタン登場!

*13 : 666! 獣の数字!

*14 : sacrifice = 生贄、メタル英語検定5級の単語だ。

*15 : go on= 存続する。

*16 : これは現実なのか? ってしつこいよ!

*17 : mesmerize =催眠術をかける。

*18 : 666! 獣の数字!

*19 : 君にも僕にも666、ってかなり適当な一文。

*20 : ここから突如悪魔視点。

*21 : 『オーメン2』か?

*22 : take its course = 行きつくところまで行く

THE NUMBER OF THE BEAST
Words & Music by Steven Harris
© Copyright by Iron Maiden Publ Overseas Ltd. All Rights Reserved. International Copyright Secured.
Print rights for Japan controlled by Shinko Music Entertainment Co., Ltd.

Iron Maiden
アイアン・メイデン

ヘヴィメタル復興の狼煙を上げた鋼鉄の処女!

PROFILE

　1975年、英ロンドンにてスティーヴ・ハリス（b）を中心に結成。デイヴ・マーレイ（g）、ポール・ディアノ（vo）、デニス・ストラットン（g）、クライヴ・バー（d）というラインナップで、1980年に『Iron Maiden』でデビューする。ツイン・リードと劇的な曲展開を武器に、当時隆盛だったパンク・ロックへの反撃となるNWOBHMムーブメントを牽引する。80年にデニスからエイドリアン・スミス（g）へ、81年にポールからブルース・ディッキンソン（vo）へとメンバーが交代。

収録アルバム

『The Number Of The Beast（魔力の刻印）』

　ブルース・ディッキンソンを迎えた新体制の第一弾となる1982年リリースの第3作。侵略者、吸血鬼、ギャングと曲のテーマは様々だが、特にラストを飾る「Hallowed Be Thy Name」の劇的な展開が熱い！　おなじみデレク・リッグスによる、人間を操る悪魔を、エディがさらに操るというアートワークも秀逸。

666ビースト大行進!

　アイアン・メイデン以外にも「666」を使っているメタル・バンドは数多くいる。ヴェノムは、『Black Metal』収録の「Leave Me in Hell」で、"Midnight six sixty six, Torment bestial sex"と、「666」と「sex」で強引に韻を踏むという中学生レベルの荒業を見せている。メタリカやメガデスにも大きな影響を与えたデンマークのサタニック・メタル大王マーシフル・フェイトも、デビュー・アルバム『Melissa』収録の「Satan's Fall」で、サタンを"666 They call him the beast"と描写している。最近だとスウェーデンのゴーストが「Death Knell」で、「666、地獄の王を召喚せよ」なんて歌っているし、イーヴルなイメージを押し出しているバンドは、ほぼすべて「666」を利用済みなのではないかと思いたくなる。

　ギリシャのアフロディーテス・チャイルドは、『ヨハネの黙示録』をテーマとした、そのものズバリ『666』というアルバムをリリースしている。『炎のランナー』や『南極物語』、『ブレードランナー』のサウンドトラックで知られるヴァンゲリス（key）を中心とした彼らのサウンドは、プログレッシヴなロックという感じ。しかし「The Four Horsemen」を始めとした本作の収録曲の不気味さは相当のものなので、イーヴルなメタル・ファンでも楽しめること間違いなし。実際「The Four Horsemen」は、同じくギリシャのブラック・メタル・バンド、ロッティング・クライストがカバーをしている。「The Four Horsemen」というと、メタリカを思い出す人も多いだろうが、これは『ヨハネの黙示録』に出て来る「4人の馬に乗るもの」たちのこと。通常日本では、「四騎士」と訳される。勝利を表す第1の馬は白。戦争を表す第2の馬は赤。飢饉を表す第3の馬は黒。死を表す第4の馬は青白い。何だかわからないが、とにかくカッコいい！！

ゴースト
『Opus Eponymous』(10年)
＊「Death Knell」収録

アフロディーテズ・チャイルド
『666』(72年)

Regurgitated Cuts
リガージテイテッド・ガッツ

Death
デス

禍々しいグロウルを上げて
地獄の門より来たる生きる屍

　イタリアと聞いて、みなさんは一番に何を思い出すだろう？　サッカー、パスタ、『ローマの休日』？　そんなものを思い出す人間は、そっとこの本を閉じて立ち去るがいい。イタリアと言われて一番に思い出すものと言えば、アレしかないではないか。そう、ホラー映画だ！　ルチオ・フルチ、ダリオ・アルジェント、マリオ・バーヴァ。少なくとも80年代までのイタリアは、ホラー大国であったと言えるだろう。中でもルチオ・フルチによる諸作は、さまざまなメタル・バンドのインスピレーションを掻き立ててきた。まあ諸作といっても、実質『サンゲリア』『地獄の門』『ビヨンド』『墓地裏の家』の4本だけど。

　フロリダのデス・メタル・バンド、その名もデスのデビュー作『Scream Bloody Gore』収録の「Regurgitated Guts」も、そんな作品の1つ。「神父が首を吊って自殺」という最初の一行を読んだだけで、フルチ・ファンならピンと来ないはずがない。そう、『地獄の門』だ！　神父が首吊り自殺をし、それを遠隔視していた女性が急死、でもなぜか結局生き返って、と文章で読むとまったく意味わからないが、実際に映画を見てもやはり意味がわからないという名作中の名作。そのプロットを、淡々と説明しているだけの曲である。

　この映画のクライマックスは3つ。1つ目がこの曲のタイトルにもなっている、内臓嘔吐シーン（自殺した神父のゾンビに見つめられると、なぜか目から血が出て、内臓を吐き散らし死んでしまうのだ！）。2つ目が、歌詞でも触れられている、窓から吹きこんでくる大量の蛆虫。3つ目、そしてこれがもっともショッキングであろう、生きたまま頭蓋骨ドリル貫通シーン。だがこれ、本筋とは関係なく街の鼻つまみものが

勘違いで殺されるという、ただ残虐描写がしたいだけで盛り込まれたとしか思えないシーンなので、デスとしても歌詞に織り込むのは不可能だったのだろう。

　英語的には難しいところはほぼない。"Suicidal preacher hangs himself"の"hang"は、ここでは「首を吊る」という意味。この単語は少々やっかいで、洋服のハンガーみたいに、「壁などにものをつるす、ひっかける」という場合の過去形は"hung"なのに、「首を吊る、絞首刑にする」という意味の場合のみ、なぜか過去形が"hanged"になる。"Choking on your guts you open wide"の"open wide"は、歌詞だけでは意味が不明確だが、映画を見ればすぐに解決。大口を開けて内臓を吐きだしているということ。まあこの曲、すべて映画の単純描写なので、映画の内容を知っていれば、特につまずくところはないはず。"regurgitate"＝「吐き戻す」なんてずいぶんと難しそうな単語だが、デス・メタル英語検定では4級レベルの基本ワードだ！　"reach for"というのは手を伸ばすという意味。この部分も、神父のゾンビに十字架を突き刺すラストそのままの描写だ。

　『Scream Bloody Gore』には、「Evil Dead」(日本では『死霊のはらわた』というタイトルで公開された映画) なんていう曲も入っており、初期のデスにとって、ホラー映画は大きなインスピレーションだったのだろう。この『Scream Bloody Gore』は、世界初のデス・メタルのアルバムの1つ。21世紀の耳にはスラッシュ・メタルにしか聴こえないかもしれないが、ポゼストの流れを組んだチャック・シュルディナー (vo & g)によるグロウル・ヴォーカルは、デス・メタルというジャンルのヴォーカル・スタイルを定義したと言える。

　かつてあのフィル・アンセルモ (vo：元パンテラ) も在籍していたオハイオのデス・メタル・バンド、ネクロフェイジアも、フルチから大

きな影響を受けたバンド。フィル在籍時には、「And You Will Live In Terror」という『ビヨンド』を題材とした曲も書かれている。意外なところでは、「The Final Countdown」でおなじみのヨーロッパも、「Seven Doors Hotel」なんていう曲を書いている。「Seven Doors Hotel」というのは、『ビヨンド』の舞台となっているホテルの名前。歌詞も、「400年前セヴン・ドアーズ・ホテルで虐殺があり若い男が死に地獄の門が開いた」なんていう、とてもその後のヨーロッパからは想像できない内容だ。

　ここではフルチ限定で話を進めたが、ホラー映画からインスピレーションを受けたメタルとなると、もう数が多すぎて手がつけられない。ブラック・サバスはマリオ・バーヴァの同名のホラー映画からバンド名を取っているし、オーメン、エクソシスト、イーヴル・デッドなど、ホラー映画のタイトルと同名のメタル・バンドは枚挙に暇がない。メタルとホラー映画は、非常に親和性が高いのだ。

ルチオ・フルチ監督
『地獄の門』

サム・ライミ監督
『死霊のはらわた』

Regurgitated Cuts
Words & Music by CHARLES SCHULDINER

Suicidal preacher[*1] hangs himself

Unfaithful servant[*2] goes straight to hell

When he returns, your life will end

Down from the skies[*3] maggots descend

[*4] Least expecting his horrible face

[*5] Your decayed guts you soon will taste

Unholy feeling grows deep inside

Choking on your guts[*6] you open wide

[*7] Regurgitated guts

Satisfy his needs

Regurgitated guts

Now you're gonna[*8] bleed

Visions of death are growing clear

[*9] Life as a corpse is what you fear

Searching through the graves to be set free

From the curse of the priest[*10] that's come to be

[*11] So unaware of what's to come

Your guts[*12] are his when he is done

[*13] Reaching for your cross to end this pain

Your life and blood he will have drained

*1：神父が首吊り自殺！

*2：そして神父は地獄へ。

*3：空から maggots ＝蛆虫が降ってくる！

*4：Least expecting ＝思いもよらぬ。確かに神父の顔は怖い！

*5：神父に見つめられると guts ＝内臓を吐いてしまう！

*6：またまた内臓吐き戻しについて。

*7：Regurgitate ＝吐き戻す。

*8：神父に見つめられると目から血が流れてしまう！gonna＝going to。

*9：死体としての人生。『地獄の門』は一応ゾンビ映画だ。

*10：冒頭では preacher（説教者）だったのに、ここでは priest（司祭）と単語変更。

*11：何が起こるかわからない。確かにそのくらい映画の筋は滅茶苦茶。

*12：また内臓について。

*13：映画のエンディングそのまま。『地獄の門』を観てみよう。

*14
Regurgitated guts
Satisfy his needs
Regurgitated guts
Now you're gonna bleed

*15
In his trance
Your eyes they bleed
Your *16 guts come forth
For his own need

*14：regurgitate が 基本単語に思えてこそデス・メタル・マニアだ！

*15：神父に見つめられると目から血が流れるのはトランス状態にされるからなのか！

*16：そしてまた内臓吐き戻し。確かに映画のクライマックスの１つだが、しつこい。

REGURGITATED GUTS
Words & Music by CHARLES SCHULDINER
© by DISTRICT 6 MUSIC PUBLISHING
Permission granted by FUJIPACIFIC MUSIC INC.
Authorized for sale in Japan only.

Death
デス

フロリダ・デス・シーンを牽引した悲劇の才人

PROFILE

　1983 年、チャック・シュルディナー（vo & g）を中心に米フロリダで母体が結成され、87 年に『Scream Bloody Gore』でデビューする。チャックの独特なグロウル・ヴォーカルと過激なサウンドはデス・メタルの確立に大きな貢献を果たしたほか、バンドからはジーン・ホグラン（d）やポール・マスヴィダル（g）、スティーヴ・ディジョルジオ（b）などシーンの重要人物も多数輩出した。残念ながらチャックは 99 年に脳腫瘍に倒れ、2001 年に死去。

収録アルバム

『Scream Bloody Gore』

　デス・メタルの始祖のひとつと言われる 1987 年リリースのデビュー・アルバム。ドラムはクリス・レイファート、その他のパートはチャックが担当している。後のテクニカル傾向はまだまだ薄く、ひたすら過激。アートワークはエイシストやメガデス、ミュニシパル・ウェイストなど多くのバンドを手がけたエド・レプカ作だ。

Column

メタル界に這いよる混沌

　映画『地獄の門』の舞台となった街は「ダンウィッチ」であるが、これは言うまでもなくアメリカの怪奇小説の大家、H.P.ラヴクラフトが創作した架空の街の名前。で、こちらも言うまでもないことだが、ラヴクラフトの作品、及びクトゥルフ神話も、数多くのメタル・バンドに影響を与えている。メタルの世界でラヴクラフトの名を広めたのは、やはりメタリカだろう。彼らのセカンド・アルバム『Ride The Lightning』のラストを締めるインスト・ナンバーは、「The Call Of Ktulu」というタイトルであった（通常クトゥルフのスペルは"Cthulhu"であるが）。次作『Master Of Puppets』収録の「The Thing (That Should Not Be)」は、「存在すべきではないもの」なんていうタイトルからしてラヴクラフト臭しかしないが、"Hybrid children watch the sea"＝「混血の子供たちが海を見る」なんていうフレーズには、海洋生物と人間の混血種が登場する、『インスマスを覆う影』からの影響が見てとれる。この曲は、最初から最後までラヴクラフトの世界観でできあがっていると言っても過言ではない。ちなみに、メタリカにラヴクラフトを持ち込んだのは、故クリフ・バートンだと言われている。

　フロリダのデス・メタル・バンド、モービッド・エンジェルも、ラヴクラフトに深く傾倒しているバンドの1つ。何しろリーダーのギタリストのステージネームが、トレイ・アザトホース。アザトホースは、クトゥルフ神話に登場する神の名だ。ラヴクラフト関連の単語をバンド名にしているケースはいくらでもあるし（ネクロノミコンなんていうバンドは世界中にいくつあるのだろう！）、クトゥルフ神話をテーマにしたアルバムも数知れない。オーストラリアのポータルというエクスペリメンタル・デス・メタル・バンドは、ラヴクラフトの世界をヴィジュアル化したコスチュームで大きな話題を呼んでいる。

メタリカ
『Ride The Lightning』（84年）

モービッド・エンジェル
『Altars Of Madness』（89年）

Column

父と子と聖霊の御名においてメタれ！

　ロックというのは元来反抗的な音楽だ。だから、ロックのサブジャンルであるヘヴィメタルも、当然反抗的な側面を持っている。親、学校の先生、社会の仕組み。血気盛んな若者たちにとって、敵はそこら中にいるのだ。さて、ブラック・サバスの項で、「ヘヴィメタルは悪魔の音楽として誕生した」と書いた。この部分、わたしたち日本人にとっては少々注釈が必要となる。日本人にとって悪魔はファンタジーの住人であり、社会への反抗とはあまり関係なさそうに思えるからだ。だが、キリスト教の世界において、善悪の基準を定めているのは「神」である。親や先生の言うことに納得ができない。しかし、その背後には神が立ちはだかっている。「何で万引きしちゃいけないんだよ！」という疑問に対して持ち出されるのは、法律ではなく神。「汝盗むなかれ」と神様がおっしゃってるからだ。神の存在は絶対だから、「何で神様は正しいんだよ？」という質問は許されない。そうなると、「うるさいな、俺は悪魔を信じるもんね」となってしまう気もわからなくはない。結局は神の否定は、親や先生への反抗とそうかけ離れたものではないのだ。

　ところが、悪魔の音楽であるはずのメタルのサブジャンルに、クリスチャン・メタルなるものがある。しかも、それが根強い人気を誇っているのだ。その代表格が、アメリカ出身のストライパーである。彼らのサード・アルバム『To Hell With The Devil』は、これまでに100万枚以上売り上げているのだ。で、そのタイトル・トラック。"To hell with〜"というのは「〜などクソ喰らえ」という常套句。なので、このタイトルは「悪魔などクソ喰らえ」という意味と、文字通り「悪魔とともに地獄へ」、つまり「悪魔は自分のいるべきところへ帰れ」という2種類の解釈が可能になっている。オリジナルのアートワークでは、ギターなどを手にした4人の長髪の天使が、悪魔を火焔地獄とおぼしきところへ連れていこうとしており、これは後者の解釈をイラスト化したものだろう。

　まあ、このアートワークだけでもかなりお腹いっぱいなのだが、このタイトル・トラックの歌詞も相当のもの。冒頭の一文は、"Speak of the devil and he doth appear"の短縮形で、「噂をすれば影」という意味。噂話をしていた人物がひょっこり現れたときに、"Speak of the devil！"と言えば、日本語の「噂をすれば！」と同じ意味になる。で、その噂の悪魔は「わたしの友などではありません」というのだから、もうズッコケる以外にない。そもそも悪魔とお友達の奴なんていないよ！！　悪魔は嘘つき。悪魔は泥棒。そりゃそうでしょう。悪魔が正直で誠実だったら、そもそも悪魔じゃないんだから。その後も、悪魔は名実ともに悪魔、悪魔は求めるべき答えではありません、とありがたいお言葉が続いていく。で、尊いご結論はというと、"We are here to rock you"。何

なんだこれは。クイーンかよ。まったくわけがわからない。ストライパーの音楽が美しく素晴らしいことに疑いはない。しかし、こうやって彼らの歌詞をじっくり見てみると、英語が母国語でなくて良かったと思わずにはいられない、と思う時点で私の心は悪魔に汚されているのだろうか。

▲黄色と黒は正義の印。クリスチャン・メタルの雄、ストライパー！ 左よりオズ・フォックス (g)、マイケル・スウィート (vo & g)、ロバート・スウィート (d)、ティム・ゲインズ (b)。現在は、ティムの代わりに元ファイヤーハウスのペリー・リチャードソンを迎え、精力的に神の言葉を伝道している。

80年代当時、ストライパーは「ライヴ会場では聖書を客席に投げ込んでいる」「666に対抗して777をトレードマークにしている」なんていう話が日本にも伝わってきていた（ちなみに当初、投げ込んだ聖書はライヴ後床に散乱していたが、ストライパー・ステッカーを貼ってから投げ込むようにしたところ、みんな持ち帰るようになったそうだ！）。で、私はてっきり彼らはクリスチャンというキャラなのだと思っていた（ヴェノムやスレイヤーが、サタニストをキャラにしていたように）。猥雑なイメージの強いグラム・メタルの文脈から出てきたこともあって、実際にクリスチャン側からも、ストライパーを認めないという風潮もあった。ところがそうではなかった。彼らは本気だったのだ。83年、マイケル・スウィート (vo & g) とロバート・スウィート (d) の兄弟を中心に結成されたストライパー。歌詞にキリスト教のメッセージを込めるようアドヴァイスしたのは2人の母親であるが、彼らは悪名高きミラクル・マン、あのジミー・スワガートのテレビ演説（オジー・オズボーン「Miracle Man」の項を参照）を見て、「キリスト教の美しいメッセージを広めなくては！」と決意を新たにしたというのである！ 当のミラクル・マンの方は、ストライパーは「羊の皮をかぶった狼」であり、ライヴで聖書を配るという行為など「豚に真珠」であると、87年の著書でバッシングを展開したのだが。ちなみに「豚に真珠」というのは、聖書から取られた表現だ。

前述のとおり、クリスチャン・メタルというのは1つのジャンルを形成している。中には、クリスチャン・デス・メタル、さらにはクリスチャン・ブラック・メタル・バンドまで存在しているのだ。「サタンを崇拝していることがブラック・メタルの定義である」なんて主張する人間も少なくないことを考えると、クリスチャン・ブラック・メタルというのは、「男のおばさん」みたいな撞着語ではないかという気もするのだが。

Part 2

酒池肉林！

セックス！　ドラッグ！　ヘヴィメタル！　ヒトのサガは快にして楽。だって、666も煩悩持っているんですもの。呑んで・打って・買って・勝手！　誰も俺を止められないゼ～！

Highway Star ——— 052
ハイウェイ・スター
by ディープ・パープル

Jawbreaker ——— 061
ジョーブレイカー
by ジューダス・プリースト

Unskinny Bop ——— 069
アンスキニー・バップ
by ポイズン

Cherry Pie ——— 078
いけないチェリー・パイ
by ウォレント

Animal (Fuck Like A Beast) — 088
アニマル
by W.A.S.P.

Highway Star
ハイウェイ・スター

Deep Purple
ディープ・パープル

シンプルな言葉に多重的含み
後続を煙に巻く"高速道路の星"！

　ディープ・パープルによる歴史的名盤『Machine Head』のオープニング・ナンバー、「Highway Star」。HR/HMファンで、この曲を知らぬものはいないだろう。イギリスのポーツマスへと向かうツアー・バスの中で、リッチー・ブラックモアが「冗談で」弾いていたリフに、イアン・ギランが「Nobody gonna〜」と即興で合わせたことで、この曲は出来上がったのだそう。しかも、早速その晩、ポーツマスのライヴでお披露目されたというのだから、名曲は概してあっさりと生まれるものなのかもしれない。

　それにしてもこれほどの有名曲だ。歌詞の内容もHR/HMファンには周知の事実であり、改めて解説する余地なんてないのでは。そう思っていた。ところが、いきなり1行目から手が止まってしまった。誰もが知っている"Nobody gonna take my car"というフレーズ。私は漠然と「誰も俺の車を追い越せない」という意味だと思っていた。しかし、本当にそうなのだろうか。"take"には多彩な意味がある。取る、つかむ、食べる、飲む、手段を講じる、襲う、連れて行く、必要とする、などなど。辞書には数えきれないほどの訳語が羅列されているが、その中に「追い越す」という文字はない。「追い越す」は"overtake"であり、"take"自体には「追い越す」という意味はないのだ。2番は"Nobody gonna take my girl, I'm gonna keep her to the end"、つまり「誰も俺の女は奪えない、彼女とはずっと一緒」という内容。となると、1番も「誰も俺の車は奪えない」という意味なのではないか。つまり、この1行目は、"Nobody gonna OVERTAKE my car"、"Nobody gonna take my car AWAY"の、どちらの省略なのかを見極める必要があるという

こと。ネイティヴならわかるかもしれないと思い立ち、アメリカやイギリスの音楽ライターたちに聞いてみた。すると驚いたことに、彼らの答えも割れるではないか！ しかも"take away"省略説の方が優勢なのだ。えー、「追い越す」じゃないの？ ちなみに私の手元にある『Machine Head』の日本盤に付属している対訳では、「誰にもオレの車は追い越せない」となっている一方、直訳ロックで有名な王様は、「俺の車にゃ誰も乗れぬ」と歌っており、ここでも解釈が分かれている。

続く"I'm gonna race it to the ground"は、"run/ride it to the ground"＝「ぶっ壊れるまで乗り潰す」の派生表現、つまり「ぶっ壊れるまでレースしてやる」ということ。サビ前の"I bleed it"は、日本人にはわかりにくい表現だ。"bleed"は「血を流す」という意味だが、"I bleed 〜"とすると、「〜は自分にとって非常に重要、大切なもの」となる。つまりここでは「この車は超大切」という意味（まあ1番では明らかに"I feel It"って歌ってますけど）。ちなみにチャステインには「We Bleed Metal」、ヴェノム Inc. には「Metal We Bleed」なんていう曲がある。つまり「メタルが好きすぎて、メタルが俺の血液」なのだ。"I bleed metal"という表現、ぜひみんなも使ってみよう。

続く2番の解釈も大問題。2番は"girl"についてだが、これは実際に女性のことなのか、それとも1番で歌われていた車の比喩なのか、どちらなのだろう。もし女性のことならば、"She stays close on every bend"というフレーズは、「彼女とはずっと一緒だ」ということだし、車の比喩ならば、「どんなキツいカーブでも、ブレずに地面にはりつくように曲がる」というイメージになる。しかし"Like a moving mouth body control"、つまり「動く口や体のコントロール」なんていうフレーズを見ると、やっぱりこれは女性のことなのかという気もする。車には"moving mouth"なんてない。それにサビ前では"I seed her"＝「彼

女に種付けする」なんて歌われているし。

　さらに訳がわからなくなるのが3番だ。"Nobody gonna take my head"＝「誰にも俺の頭はとらせない」ってどういうこと？　こちらは日本盤付属の対訳では「誰の指図も受けないぜ」となっているが、王様は「誰もトップに立てない」としている。王様は、"head"を「トップ、先頭」と捉えているようだが、"take my head"では「先頭をとる、先頭をとられる」というような意味にはならない。直訳ロックといえど、ここは無理やり意訳するしかなかったのだろう。「頭」とは何のことなのか。やはりこれも、車の比喩ととるべきなのか？　"Eight cylinders all mine"＝「8気筒も全部俺のもの」なんていうフレーズを見ると、車の話をしているようにも見える。しかしまたまた"I seed it"（＝「頭に種付け」？）が出て来るし、そもそも"head"が車の比喩っていうのもピンと来ない（「女性＝車」はものすごくピンと来るけど）。"I got speed inside my brain"や"I'm in heaven again"なんていうパートを見ると、ドラッグについてなのかとも思ってしまう。とにかく考えれば考えるほど訳がわからなくなってくるのが「Highway Star」なのだ。

　この曲には、難しい単語はまったく使われていない。しかし対訳の難しさはトップレベル。いずれにせよ、1行目から意味が確定できないとなると、フラストレーションが溜まって仕方がない。英語のネイティヴでも意見が分かれるとなれば、残された手はただ1つ。そう、作詞した本人に確認するしかない！　ということで、59ページからのイアン・ギラン御大のインタビューを読んでみてほしい。結構拍子抜けする答えも少なくないですが。

Highway Star

Words & Music by Roger Glover, Ian Paice, Ritchie Blackmore, Jon Load, Ian Gillan

Nobody gonna take my car *¹

I'm gonna race it to the ground *²

Nobody gonna beat my car

It's gonna break the speed of sound *³

Oooh it's a killing machine *⁴

*⁵ It's got everything

Like a driving power big fat tyres

and everything

*1: take だけでは意味が確定できない。

*2: race to the ground ＝車を乗り潰す。

*3: 音速よりも速い！　速すぎ。

*4: killing machine ＝殺人マシン。

*5: すべてが揃ってる。

I love it and I need it

*⁶ I bleed it yeah it's a wild hurricane

Alright hold tight I'm a highway star

*6: I bleed ～＝～がとても大切、大好き。

Nobody gonna take my girl *⁷

I'm gonna keep her to the end

Nobody gonna have my girl

*⁸ She stays close on every bend

Oooh she's a killing machine

She's got everything

Like a moving mouth body control *⁹

and everything

*7: ここからは女性について。それとも車の比喩なのか？

*8: 彼女と親密なのか、それとも車が高性能なのか。

*9: しかし「動く口」となると女性のことか。

I love her I need her

*¹⁰ I seed her

Yeah she turns me on *¹¹

Alright hold tight I'm a highway star

*10: 彼女に seed ＝種付けしてやる。

*11: turn on ＝ソソる。

*12
Nobody gonna take my head

I got speed inside my brain

Nobody gonna steal my head

Now that I'm on the road again
*13

Oooh I'm in heaven again

I've got everything

Like a moving ground throttle control
*14
and everything

I love it and I need it
*15 　　*16
I seed it eight cylinders all mine

Alright hold tight I'm a highway star

* repeat

I'm a highway star

I'm a highway star

*12：3番は「頭」についてなのか？

*13：しかしやはり車のことのような。

*14：高速で過ぎ去っていく道路、オープン・ロード。

*15：頭に種付けとは？

*16：8気筒ということは、やはり車の話？

HIGHWAY STAR
Words & Music by Roger Glover, Ian Paice, Ritchie Blackmore, Jon Load, Ian Gillan
© Copyright by 1972 Hec Music
The rights for Japan licensed to EMI Music Publishing Japan Ltd.

Deep Purple
ディープ・パープル

ハードロックを切り開いた様式美ヘヴィメタルの祖!

PROFILE

1968年、ジョン・ロード（key）を中心にリッチー・ブラックモア（g）などと英ハートフォードで結成。当初はアート・ロック志向だったが、結成メンバーのイアン・ペイス（d）、69年に新加入したイアン・ギラン（vo）、ロジャー・グローヴァー（b）から成る第二期にハードロック路線を打ち出し大きな成功を収め、HR/HMの雛形を作り上げる。以降、離合集散を繰り返し、オリジナル・メンバーはペイスのみとなりながらも現在まで精力的に活動している。

収録アルバム

『Machine Head』

HR/HMファンならずとも知っている「Smoke On The Water」を収録した、1972年リリースのスタジオ第6作目。4作目の『Deep Purple In Rock』（70年）から試み始めたハードロック路線の、ひとつの頂点であり、クラシカルなアプローチとの融合など、後の様式美ヘヴィメタルの礎ともなった。HR/HM基本中の基本。

Special Interview

イアン・ギラン（ディープ・パープル）

"私はこれは、人生において
自分の道は自分で切り開くものだという意味にとっている"

　誰もが知っているハードロックの名曲「Highway Star」。"高速道路の星"の直訳でも知られるとおり、スピード自慢の走り屋をテーマにした曲かと思いきや、イアン・ギランらしくセクシャルな意味にも取れる言い回しがそこかしこに盛り込まれている。実際はどのようなメッセージが込められているのか。作詞者であるイアン・ギラン本人に直撃インタビューだ！

——「Highway Star」の歌詞についてお伺いします。まず "**Noboydys gonna take my car**" というのはどういう意味なのでしょうか。「俺の車を追い越せる(**overtake**)やつはいない」だという人と、「俺の車は誰にも渡さない（**take away**)」だという人がいますが。
イアン・ギラン：Overtake（追い越す）、あるいはBeat（負かす）という意味だよ。私の車よりも速い車なんていない。私の車が最速ということさ！
——では続く "**I'm gonna race it to the ground**" はどういう意味なのですか？
イアン：徹底的に乗り倒して、アクセル全開で、猛スピード！ということさ。完全に車がぶっ壊れるまでね。
——2番は女性について歌われていますが、これは実際に女性のことなのでしょうか。それとも車を女性に例えているのですか？
イアン：内容はほとんど無意味だよ。文字通りでも良いし、比喩と思ってもらっても構わない。どっちのつもりだったか、忘れてしまったよ。だけど正直なところ、どちらでもいいんだ。女性でも、車でも。"living life in the fast lane"（註1）ということさ。私はキング・オブ・ザ・ロードなんだよ！！！
——もし2番が車の比喩だとすると、"**Moving mouth**" や "**I seed her**" などはどのような意味になるのでしょうか？
イアン：実を言うと、そういうパートがあったかすら忘れてしまったよ。私はさんざん歌詞を変えて歌っているからね。

Special Interview　　　　　　　　　　　　　　　イアン・ギラン

——"**She stays close on every bend**" というのはどういう意味ですか？「彼女とはずっと一緒だ」、「車がどんなカーブもぴったりついてくる」、または「彼女のカーブ（体つき）は俺にピッタリだ」など、さまざまな解釈が可能ですが。

イアン：ただのカッコいいフレーズでしかないよ。さまざまな意味にとれるけどね。彼女は非常に近い存在だとか、この車は道路にピタリと貼りついているとか。こういう曲の場合、意味よりも言葉の響きの方が大切なんだ。印象派の絵画みたいにね。何となくの状況がわかれば、それで十分なのさ。

——3番の "**Nobody gonna take my head**" とは、どういう意味なのでしょうか。これは文字通り「頭」のことなのか、あるいは何か別のものの比喩なのか。ドラッグについてだと言う人もいますが。

イアン：ドラッグでは断じてないよ。私たちは飲んでばかりいるバンドだったからね。少なくとも私が在籍していた間は。私はこれは、人生において自分の道は自分で切り開くものだという意味にとっている。"no-one's going to get inside my head"（註：誰にも私を操らせない。"get inside one's head"＝「人を操る」）ということだよ。私には友人たちがいて、オープン・ロードがある。"To hell with the establishment"（＝体制なんてクソ食らえ。"To hell with ～" については P48 のストライパーのコラム参照）ということさ。

——その3番にも "**Like a moving ground an open road**" や "**I seed it**" という表現が出てきますが、これはどう解釈するべきなのでしょう。

イアン：1つ目のフレーズはわからないな。"I seed her" というのは受精のこと。『Perfect Strangers』などのエンジニアをやったニック・ブラグナは、ビバリーヒルズでコンバーチブルのベンツでセックスしてて、逮捕されたことがあるんだよ（笑）。そういうことがよくあったんだ。

——こういう類の質問は、過去に受けたことがありましたか。

イアン：ないね。少なくとも記憶にはない。面白い質問だったよ。

註1：文字通り訳せば「高速レーンで生きる」ということだが、「酒、セックス、パーティ三昧など、滅茶苦茶な生活を送る」という意味。こんなところにもさりげなくダブル・ミーニングをぶち込んでくるイアン・ギランのセンスに脱帽。

Jawbreaker

ジョーブレイカー

Judas Priest
ジューダス・プリースト

メタル・ゴッド=ロブ・ハルフォード
衝撃の告白!

　文の意味というのは、その文単独では確定できない。言語哲学の解説でよく引用される例だが、例えば「この椅子は壊れています」というのは、どういう意味なのだろう。もしこれが、家具屋さんでの会話なら、「椅子を取り換えてください」というクレームの意味になるだろうし、もし、その椅子に座ろうとしている人がいるシチュエーションであれば、「その椅子には座らない方がいい」という警告の意味になる。まったく同じ文であっても、その背景が変れば、それが意味する内容がまったく変わってしまうのだ。逆に言えば、背景がわからなければ、その文の真意はわからないということだ。ヘヴィメタルの世界でも、それをまざまざと見せつけたアーティストがいる。ジューダス・プリーストだ。69年結成。数々の名盤を残し、ヘヴィメタル=レザーというイメージも作り上げた、メタル史上最重要バンドの1つである。1998年、そんな彼らに1つの事件が起こった。ヴォーカリストのロブ・ハルフォードが、自ら同性愛者であることをカミングアウトしたのである(「わかってたよ」という声も大きかったが)。で、そのロブの性癖を念頭に置いて、歌詞を読み返すと、実に多くの伏線が張られていたことが判明したのだ!

　例えば、80年にリリースされた名盤『British Steel』収録の「Grinder」。これはわりと抽象的な内容で、社会の抑圧をミートグラインダー(挽肉機)に例えているなどの解釈がなされていた。だが、冒頭の歌詞からして、いきなり"Never straight and narrow"だ。"straight and narrow"というのは、「正しい道」という決まり文句。だから、普通なら「俺は正しい道なんて決して歩まないアウトローだ」という意味に解釈されるはず。ところが、ロブのカミングアウト後は、どうしたっ

て最初の2単語"Never straight"、つまり「非同性愛者では決してない」というほのめかしに目が行かざるを得ない。"straight and narrow"という成句と組み合わせることで、何の違和感もなく巧妙に、かつ大胆に、"Never straight"という告白が織り込まれているのだ。あまりにも見事！

　一方で、『Sin After Sin（邦題：背信の門）』(77年)に収録された「Raw Deal」のような、もっとストレートな告白も存在する。「俺がバーに入っていくと、みんなが俺に目を向けた。スパイクだらけのレザーのやつらとデニムのやつらがふざけあっていた。カップルたちはラフなプレイに興じていた。ニューヨーク、ファイヤー・アイランド」。もはやこれはほのめかしの域ではないだろう。"guy"や"dude"は、基本的に男性を指す単語。さらに、ファイヤー・アイランドというのは、ニューヨークに実在する同性愛者の楽園と呼ばれる島である！

　卑猥な内容で青少年に悪影響を与えるとして、PMRCの「汚らわしい15曲」にも選出されたのが、『Defenders Of The Faith（邦題：背徳の掟）』収録の「Eat Me Alive」。PMRCは、"I'm gonna force you at gunpoint"というフレーズを問題にしたが（P146の「PMRC」コラム参照）、他にも注目すべき点はある。例えば、"Your wild vibrations got me shooting from the hip"なんていうフレーズは、少々深読みをしたくなってしまう。"shoot from the hip"は、「ピストルを抜かず、腰につけたままの状態で打つ」というところから転じて、「早合点して発言する」、「衝動的に反応する」という意味。つまりここでは「お前のワイルドなヴァイブレーションに、俺は衝動的に反応してしまった」ということになる。しかし、"shoot from the hip"というのは、「お尻から体内に向けて発射する」と解釈することも可能だ。さしものPMRCも、ここまで深読みはしていなかっただろうけれど。

　同じく『Defenders Of The Faith』収録の「Jawbreaker」も、何

の先人観もなしに読めば、普通は毒蛇、あるいは毒蛇のようなモンスターに襲われ、最後はその毒が回り瀕死状態というお話だと思うだろう。ただ、不思議な点はある。タイトルの「Jawbreaker」というのは、通常「顎(あご)が壊れる」ような、大きくて固いキャンディのこと（大きくて固いっていうだけで十分エロいけど）。だが、この曲を毒蛇のモンスターについてのストーリーと解釈するかぎり、キャンディはもちろん、「顎が壊れる」ような描写はどこにも出てこない。まあ、蛇が大口をあけた結果、自らの顎がはずれてしまうとか、あるいは描写はされていないが、被害者が蛇に顎を破壊されるのだ、なんていう想像はできなくもないが。で、改めてロブのカミングアウトを念頭に置いて、この歌詞を読み直してみてほしい。蛇は、チ◯ポの代表的なメタファーだ。"it bore the load" という部分で使われている "load" という単語は、通常「重荷」と解釈されるが、これには精子という意味もある。つまり、この部分、「溜まりに溜まった精子が爆発しそうだ」ということになるのだ。で、最後の段落も、もはや毒蛇に噛まれた様子でもなんでもなく、エクスタシーの瞬間以外のなにものでもない！　となれば、「Jawbreaker」というタイトルにも納得がいく。そう、「こんなデカいチ◯ポをくわえたら顎が壊れちゃう」とういことだ！

　今でもインターネット上では「これは男根のメタファーに違いない！」、「何でもかんでもロブの性癖に結びつけるな！」と、ジューダス・プリーストの歌詞を巡って論争が続いている。しかしまあ、「この椅子は壊れています」なんていう単純明快な文ですら、単独ではその意味するところを確定できないのだ。そもそも明快であることを求められていないメタルの歌詞において、その書き手以外に本意などわかるはずもない。ただ、少なくともこの曲に関しては、「これはフェラチオについてか？」と聞かれたロブが、「ああ、ほのめかしているよ。あの曲を聴きながら

デカいペニスのことを考えれば、ピッタリ来るのがわかるだろう？　まあもちろんジョーブレイカーという架空のキャラクターのことでもあるけどね。俺は歌詞で遊ぶのが好きなんだよ」と明言しているのだ。

　ということで、この曲を思いっきり意訳してみると、こんな感じだ。

毒蛇みたいに危険なチ◯ポが
とぐろを巻いてこっちを見ている
精液は熱くなっていく

時限爆弾のようにカチカチと音を立て
もう我慢の限界
爆発寸前

高まりきった圧
溜めに溜めた精子
まるでひびが入って骨組みが歪むように
射精しそうだ
デカすぎて顎が壊れちゃうよ

隅にうずくまって
バネみたいにとぐろを巻くチ◯ポ
光を放つ鋭い目はテラテラと輝く

あまりの気持ち良さに筋肉はよじれて
爪は泥を掻く
全身が性感帯

Jawbreaker

Words & Music by Glenn Tipton, Rob Halford and K.K. Downing

Deadly as the viper[*1]
Peering[*2] from its coil[*3]
The poison there is coming to the boil[*4]

Ticking like a time bomb[*5]
The fuse[*6] is running short
On the verge of[*7] snapping if it's caught

And all the pressure that's been building up
For all the years it bore the load[*8]
The cracks appear, the frame starts to distort
Ready to explode[*9]
Jawbreaker[*10]

Crouching[*11] in the corner
Wound up[*12] as a spring
Piercing eyes that flash are shimmering[*13]

Muscles all contorted[*14]
Claws dug in the dirt
Every ounce of[*15] fiber on alert[*16]

*1：viper＝毒蛇、蛇はもちろんチ○ポのメタファー。
*2：peer＝じっと見つめる。
*3：coil＝とぐろ。
*4：come to the boil＝沸騰する。
*5：time bomb＝時限爆弾。
*6：fuse＝導火線。
*7：on the verge of ～＝今にも～しそうになっている
*8：load＝負荷、重荷、精液!
*9：爆発寸前!
*10：jawbreakerは、本来、固くて大きいキャンディのこと。
*11：crouch＝うずくまる。
*12：wound up ＝ wind up(巻き上げる)の過去分詞。
*13：shimmer＝ちらちら光る。
*14：contort＝(苦痛で、というよりこの場合は快感で?)よじる
*15：every ounce of ～＝あらゆるすべての～。
*16：on alert＝警戒して。

JAWBREAKER
Words & Music by Glenn Tipton, Rob Halford and K.K. Downing
© 1983 by CREWGLEN LTD./GEARGATE LTD.
Permission granted by FUJIPACIFIC MUSIC INC.
Authorized for sale in Japan only.

JAWBREAKER
Glenn Raymond Tipton / Robert Halford / Kenneth Downing
© Ebonytree Ltd
The rights for Japan licensed to EMI Music Publishing Japan Ltd.

Judas Priest
ジューダス・プリースト

メタルの信念を守護する鋼鉄神!

PROFILE

　1969年、英ウェスト・ブロムウィッチにて結成。K・K・ダウニング（g）とイアン・ヒル（b）が名前を受け継ぎ、73年にロブ・ハルフォード（vo）、74年にグレン・ティプトン（g）が加入し、74年に『Rocka Rolla』でデビューする。以降現在まで、メンバー変遷を経ながらもヘヴィメタルの代名詞として活動を続け、18枚のスタジオ・アルバムを発表している。ハイトーン・ボーカル、レザー・ファッションなど、ヘヴィメタルの雛形の多くを作り上げた。

収録アルバム

『**Defenders Of The Faith（背徳の掟）**』
　1984年に発表された通算9作目のスタジオ・アルバムで、英19位／米18位を記録。スピード・ナンバーの「Freewheel Burning」などヒットも生まれたが、「Eat Me Alive」の歌詞が性的だとしてPMRCから問題視された。ジャケットに描かれたモンスター"メタリアン"は本作でのツアーで舞台セットにもなった。

Column

鞭打ち、緊縛……殺人鬼⁉

　愛の形は人それぞれ。SMなんかもそのバリエーションの1つと言えるだろう。SMを題材とした曲となると、シン・リジィの「S&M」を思い出す人も多いのでは？　あまりにそのままずきるタイトル、そしてファンク色強めの異色の作風で、名盤『Black Rose: A Rock Legend』(79年)の中でも際立っていた(浮いていた?)楽曲だ。奴は女性を殴るのが大好き。奴は「痛い」と叫びたがらせた。奴はただ暴力が好きなだけ。奴はドラムを叩くみたいに彼女を殴った。ただ「S&M」と言うだけのサビ。女性のあえぎ声まで入っていて、ずいぶんとストレートな内容に見える。だが、よくよく読んでみると、この曲の主題はSMによる快楽ではなさそう。「その客は怪しかった」、「そういうフェチは危険で無謀な結果を引き起こす」なんていうあたり、そして時代背景から推測するに、ここでは売春婦が直面する危険が描写されているようだ。

　当時イギリスでは、売春婦の連続殺人事件が起きていた。75年〜80年の間に13人が殺害された、いわゆるヨークシャーの切り裂き魔事件だ。シン・リジィは80年のシングル『Killer On The Loose』で、この事件にさらに踏み込んでいく。「俺はジャック・ザ・リッパー」と歌われるこの曲のタイトルは、「逃走中の殺人鬼」という意味。80年の時点では、犯人はまだ野放しだったのだ。さらにB面の「Don't Play Around」も、「彼女は俺の警告を聞かなかった」、「奴は彼女のはらわたにナイフを突き刺した」と、やはりヨークシャーの切り裂き魔からインスピレーションを受けたと思われる内容になっている。両面とも、全英を恐怖におとしいれていた殺人鬼を連想させる内容であったこのEPは、フィル・ライノットがジャック・ザ・リッパーに扮したPVとともに、大きな批判を巻き起こしたが、EPは全英チャート10位にランクイン。ヨークシャーの切り裂き魔ことピーター・サトクリフは、年が明けた81年1月2日、やっと逮捕された。

シン・リジィ
『Black Rose: A Rock Legend』(79年)

シン・リジィ
『Killer on the Loose』(80年)

Unskinny Bop

アンスキニー・バップ

Poison
ポイズン

ヘア・メタルの面目躍如!
お気楽極楽バップ! バップ!

　「おバカなメタル曲ランキング」をやれば、必ず上位に入るのがこれ。アメリカのグラム・メタル・バンド、ポイズンによる 90 年の大ヒット曲。まず、タイトルである「Unskinny Bop」からしてどういう意味なのかわからない。というよりも、"unskinny" なんていう単語はそもそも存在しない。"bop" は「殴る」という意味ではあるが、まあ「ボカン」みたいな擬音。だから、「アンスキニー・ボカン」なんて言われても、アメリカ人であっても何のことやらさっぱりだ。一方で、"bop" はスラングで「セックス」という意味を持つ(この単語、「マスターベーション」「フェラ○オ」という意味で使われることもある。いくらなんでも便利すぎて、逆に意味がわからなくなりそうな気も)。"unskinny" の方は、「un + skinny =スキニーではない」ということであろうから、「太っている」、あるいは「スキンをつけずに」なんていう想像をすることも可能。だから、このタイトルを見て「お太りになられている女性とのセックス」、あるいは「生でのセックス」のことなのでは、と考えるエロい人たちもいた(エロい人間は、どんな言葉を見てもそれを必ずエロに結びつける特殊能力を持っているものだが)。

　で、結局はのちにギタリストの C.C. デヴィルが「特別な意味は何もないよ。ブレット・マイケルズ(vo) が歌詞を書く前に、仮の題としてつけただけ。この言葉の持つ音が、曲にぴったりだったからね」と発言。何なんじゃそりゃという一応の解決を見たわけだが、その歌詞の内容もタイトルに負けず劣らずバカ。読んでいただければおわかりのとおり、セックス大好き、性欲強すぎな女性についてだ。

　"what's got you" は、"what has got you" の略。get+ 人 + 形容詞で、

「人を〜という状態にする」という言い回し。それが現在完了形になっている。"jumpy" というのは、落ち着かず、神経質になっていること。つまり「何でそんなにソワソワしてるんだ」ということだが、もちろんヤリたくて仕方がないからだ。"sit still" は、「静かに座っている」ということ。"still" には、「静かな」とか「静止した」という意味がある。スチル写真というのは静止画のことだ。

"Like gasoline, you wanna pump me" は出ました、アメリカ人の大好きな車とセックスの比喩！ "pump" というのは日本語の「ポンプ」のこと。液体を入れたり吸い出したり、または上下運動をする、なんていう意味なので、これでエロいこと想像するなという方が無理。っていうかこれよりエロい単語なんてないのでは？ そんな給油してほしくて仕方ない彼女だが、"And leave me when you get your fill" ＝「満タンになると、どこかに行ってしまう」。普通そういう態度をとるのは、賢者タイムを有する男の方なのだが。ちなみに英語で「ガソリン満タン」は、"fill it up"。

"come up for air" は「一息つく」という成句。お口でしていて息が苦しくなったのか、それとも単にあえぎすぎたのか。その後「俺を床に引き倒す」ということを考えると前者と取るのが正しいか？ "What's been going on in that head of yours?" ＝「お前の頭の中はどうなってるんだ？」というのは、ずいぶんとまどろっこしい言い方。普通なら "in your head" で良いところだが、"floor" と韻を踏むためにこうなっているのだ。

"blow away" は「吹き飛ばす」という意味だが、「ブッ飛ばされるくらいイカしている」という使い方をする。ところが "blow" 単独だと、「最低だ」という意味になるので注意。"This band blows me away." と "This band blows." は正反対の意味だ。また "blow" にはフェ◯チオ

するという意味もあるので、使うときは注意しよう。

　"funny" は、「いかがわしい」という意味も持つので、"You look at me so funny" は「いやらしい目つきで俺を見る」ということ。そんな俺は「お前の『蜜』に群がる蜂の一匹」で、「お前のページの中の一単語」でしかない。つまり彼女が寝ている大勢の男の中の一人なのだ。それにしても「蜜」なんていうずいぶんと直接的な表現と、本というさっぱりエロとは結びつかないものとの対比が面白いですね。

　"my love won't do ya" の "do" は、「十分である」という意味にとるべきだろう。彼女は「あなたの愛が足りないの」なんて言ってやがる。いやいや、お前が欲しいのは愛なんかじゃないだろう。お前のことはお見通しさ（"Well honey I can see right through ya"）。

　"What's right" 以降は言葉遊び。"right" と "wrong"、"right" と "left" の組み合わせで、「何が正しく、何が間違っている」、「何が右で、何が左」と色々な意味にとれる。"What's left" は「何が残されている」とも解釈可能。"what" を関係代名詞と考えれば、「正しいもの、間違っているもの」という意味にもなる。

　とにかくバカ。知性のかけらもない。だがそこが最高。こんな曲が、ビルボードのメインストリーム・ロック・チャートの5位にランクインしたというのだから、アメリカ人の大らかさには改めて脱帽せざるをえない。さすがに日本で「どうせ俺は大勢いるセフレの中の1人でしかないんだろ？」なんていう歌が、オリコン・チャート上位に入るなんて想像できないでしょう？　日本はまだまだ性後進国なのかも。

Unskinny Bop

Words & Music by C C DeVille, Bobby Dall, Rikki Rockett and Bret Michaels

What's got you so jumpy[*1]
Why can't you sit still[*2]
[*3] Like gasoline you wanna pump me
And leave me when you get your fill ya[*4]

*1: jumpy＝ソワソワする。
*2: still＝静かに。
*3: アメリカ人の大好きな車のエロメタファー。wanna=want toだ。
*4: 満タンになったらさようなら。ya=youのこと。

Every time I touch you, you get hot
I want to make love, you never stop
[*5] Come up for air you pull me to the floor
Just what's been going on in that head of yours

*5: come up for air＝一息つく。

[*6] Unskinny bop
Just blows me away[*7]
Unskinny bop, bop
[*8] All night and day
Unskinny bop, bop, bop, bop
She just love to play
Unskinny bop nothin' more to say

*6: 何の意味もないタイトル。
*7: blow away＝ブッとばされるくらい最高。
*8: 夜も昼も。うらやましい。

You look at me so funny[*9]
Love bite got you acting oh so strange
You got too many bees in your honey[*10]
Am I just another word in your page ya,[*11] ya

*9: funny＝いかがわしい。
*10:「お前の蜜に群がる蜂たち」はわかりやすい比喩だが……。
*11:「ページの中の一単語」って。

Every time I touch you, you get hot
I want to make love you never stop

Come up for air you pull me to the floor
Jusy what's been going on in that head of yours

＊ repeat

You're saying my love won't do ya [*12]
But that ain't love written on your face [*13]
Well honey I can see right through ya [*14]
We'll see whose ridin' who at the end of the race [*15]

What's right, [*16]
What's wrong,
What's left,
What the hell is going on [*17]

＊ repeat

*12：ここでの "do" は「十分である」の意。愛が足りないのだ。
*13：しかし、彼女が欲しがっているのは愛なんかではない!
*14：see through〜 = 〜のことはお見通し。
*15：レースの最後では、どっちがどっちに乗ってるんだろう?って知るかよ!
*16：ここからは言葉遊び。
*17："the hell" を加えることで、"What is going on" =「何が起きているんだ」という気持ちを強調している。

UNSKINNY BOP
Words & Music by C C DeVille, Bobby Dall, Rikki Rockett and Bret Michaels
Copyright © by UNIVERSAL MUSIC Z SONGS
All Rights Reserved. International Copyright Secured.
Print rights for Japan controlled by Shinko Music Entertainment Co., Ltd.

Poison
ポイズン

煌びやか、かつ香しい魅力を放つ徒花!

PROFILE

　1983年、米ペンシルベニアにて、ブレット・マイケルズ（vo）、リッキー・ロケット（d）、ボビー・ダル（b）などで結成。85年にC.C.デヴィル（g）が加入し、86年に『Look What The Cat Dragged In』でデビューする。"ヘア・メタル"とも揶揄された派手に逆立てられた髪、ケバケバしいメイクなどが逆風も呼んだが、秀でたポップ・センスが人気を呼び、88年の第2作『Open Up And Say... Ahh!（初めての***AHH!）』は全米で500万枚以上の売り上げを記録。

収録アルバム

『**Flesh & Blood**（フレッシュ&ブラッド〜今夜ケモノのように）』

　1990年リリースの第3作。これまでのパーティ路線からやや方向転換し、「Life Goes On」「Something To Believe In」など、ブルージィ&シリアスな楽曲も多く含まれた佳作。アートワークはリッキーが腕に入れた刺青で、別バージョンでは生々しく血が滲んでいる。

Column

呑んで呑んで呑まれて呑んで

　ガンズ・アンド・ローゼズのデビュー・アルバム、『Appetite For Destruction』収録の「Nightrain」。この本を手にとられた方なら、誰でも知っている曲だろう。タイトルだけ見ると、「夜の雨」か「夜行列車」なのかとも思ってしまうが、これは Night Train Express というカリフォルニア・ワインのことだ。まあ、アメリカ人であっても、この曲の歌詞を読んで「ワインのことだな」と思うわけではない。エピソードを知らなければ、夜な夜な大酒を飲んでパーティをしているさまを、「夜行列車」という比喩で表現していると思うのが普通だろう。価格が異常に安いくせにアルコール度数が高い Night Train Express は、売れる前のガンズ・アンド・ローゼズのメンバーのお気に入りだったようだ。実際この曲のサビも、みんなで歩きながら Night Train Express

ガンズ・アンド・ローゼズ「Nightrain」

を回し飲みし（安ワインをさらに回し飲み!）、"I'm on the night train！"や"Bottoms up！（=乾杯!）"なんて騒いでいるうちに出来上がったらしい。安酒を浴びるほど飲んで、女にタカってというのは、当時のメンバーの実生活をそのまま反映したものだろう。

キッスの「Cold Gin」も、「安くてアルコール度数が高い酒が一番だよね」というテーマだ。暖房が壊れた。隣の女の子も留守のようだし、大家もいない。となれば、酒屋に行って、一番安い酒を買って温まるしかない、というシンプルな内容のこの曲。エース・フレーリー（g）の手によるものだが、ヴォーカルをとっているのは、ほとんど酒を飲まないジーン・シモンズ（b）。エースは自分で歌う自信がなかったらしい。

ブッ倒れるまで飲みまくる様子を描いたW.A.S.P.の「Blind In Texas」、シン・リジィやメタリカもカヴァーしたアイリッシュ・トラッドの「Whiskey In The Jar」、最近だとエイルストームのそのままズバリ「Drink」など、酒を題材にした曲はいくらでもある。ドイツのスラッシャー、タンカードは、デビューから30年以上、ビールをテーマとした曲を書き続けている。何しろバンド名からして「ビール・ジョッキ」のことなのだ。

ガンズ・アンド・ローゼズ
「Nightrain」（89年）

エイルストーム
『Sunset On The Golden Age』（14年）
「Drink」収録

キッス
『Kiss』（74年）
「Cold Gin」収録

タンカード
『The Morning After』（88年）

Cherry Pie

いけないチェリー・パイ

Warrant
ウォレント

ヘア・メタルの面目躍如（再び）！
お気楽極楽スウィング！ スウィング！

　ウォレントと言えば「Cherry Pie（邦題：いけないチェリー・パイ）」。まさにバンドの代名詞的な曲である。だがこの曲、実は相当適当に書かれたものなのだ。そもそも「Cherry Pie」は、アルバムに収録の予定の曲ではなかった。アルバムのタイトルも、『Quality You Can Taste』、もしくは『Uncle Tom's Cabin』になるはずだった。ところが、出来上がった作品を所属レーベルであるコロムビア・レコードに提出したところ、社長から「うーん、ロック・アンセムが欲しいな。（エアロスミスの）〈Love In An Elevator〉みたいなやつ」と言われてしまったのだ（「クイーンの〈We Will Rock You〉みたいなやつ」と言われた説もある。イメージ的には「We Will Rock You」に近い気がするが）。社長に言われたんじゃ仕方がない。ということで、たった15分で適当に書き上げたのが「Cherry Pie」だったのだ。ところが、これが大ヒット。「ウォレント＝Cherry Pie」という、バンドからしたらまったく心外なイメージが出来上がってしまった。さすがは大企業の社長、商売に対する嗅覚は鋭かったのだ。

　でまあ、短時間で適当に作り上げられた曲らしく、歌詞の方も実にバカ。通常"cherry pie"というのは、ただのさくらんぼの乗ったパイのことであり、特にエロい含みはない。英語では"sweetie""honey pie"なんていう風に、親しみを込めて女性をスイーツに例えることは多いから、「チェリー・パイも、大好きな女性の比喩かな」くらいの想像は働くかもしれない。だが、歌詞をじっくり読んでみると、邪推もしてみたくなるというもの。"cherry"にはスラングで「処女」という意味がある。日本で「チェリー」というと、もっぱら童貞のことだが、英語ではむし

ろ主に処女を意味する。男性にも使わなくないが、"cherry"はもともと「処女膜」のスラングであったことから、現在でも女性に対して使われることが多いようだ。そして"pie"の方には、女性器という意味があるから、"cherry pie"というと、「処女のアソコ」なんていう意味に解釈することも不可能ではないのだ。

　では歌詞を見ていこう。歌詞の中で連呼されている"swing"という単語だが、まあ誰がどう読んでも「セックス」の比喩であることは明らか。だが、"swing"という単語自体には、「セックス」の意味はないのだ。「リヴィングでスウィング、キッチンでもスウィング」なんて連呼していれば、なぜかわからないけどエロい感じがしてしまう。完全に中学生男子の世界だ。だからこの"swing"は、無理に日本語にするよりも、そのままストレートに「スウィング」としたほうが、原詩の雰囲気が出るだろう。「野球のことを考えると、一晩中スウィングしちゃうよ」なんていうまったく意味不明のバカフレーズも、実にエロく感じてしまう訳だから、人間の脳というのは実に不思議だ。"I mixed up the batter and she licked the beater"の"batter"というのは、小麦粉、牛乳や卵を混ぜたもののこと、つまりパイ生地にするやつだ（日本語でも「バッター」というようだが、料理に疎い私は聞いたことがない）。"beater"は、それをかきまぜる棒のこと。俺はパイ生地をかきまぜて、彼女はそのかきまぜる棒を舐めるんですよ。実に良いですね。「バッター」と「ビーター」の語呂も良いし。

　で、サビがまた酷い。「彼女は俺のチェリー・パイ、冷えた一杯の水」って、パイなのか水なのかどっちなんだよ。食べ物と飲み物じゃないかよ！ちなみに英語には"tall drink of water"という表現があり、人や地域によって意味にバラつきがあるようだが、概して「背が高くスラっとした魅力的な人物」を指す。"tall cool glass of water"とか、今回のよ

うに単に "cool drink of water" など、さまざまなバリエーションがあるが、「冷えた水」は、「魅力的な人物」のメタファーとして使われるのだ。"put a smile on your face ten miles wide" というのは、にっこり笑うと口が横に広がるイメージ。10マイルもの幅のスマイル、つまり物凄い笑顔になるということだ。

　で、最後は鍵をかけずにお風呂でヤっていたら、彼女のお父さんが入ってきて、「もう娘とはヤラせないぞ！」宣言をされるというどうしようもないオチ。"bathroom" はご存じのとおり「トイレ」の意味でも使われるが、おそらくはユニット・バスであろうシチュエーションを考えると、日本語では「お風呂でスウィング」とした方が自然だろう。"in walks her daddy standin' six foot four" は多少わかりづらい。ここでの "standin'" は実際に「立っている」という意味ではなく、彼女のお父さんの背の高さ（6フィート4 = 193cm！）を強調するために付加されている。"foot" が "feet" でなく単数形になっているのが気になった人もいるかもしれないが、名詞を修飾する場合は、このように単数形を使う。つまり、"Her daddy is six feet four tall" の場合は "feet" だが、"Her six-foot-four-tall daddy walks in" のように名詞にかかる場合は、通常ハイフンでつないで単数になる。"My daughter is 4 years old." =「私の娘は4歳です」を、"I have a 4-year-old daughter" =「私の4歳の娘」というように修飾的に言い表す場合も同じだ。

Cherry Pie

Words & Music by Joey Cagle, Steven J. Chamberlin, Jerry L. Dixon, Jani Lane and Eric Benjamin Turner

Swingin' on the front porch [*1]

Swingin' on the lawn [*2]

Swingin' where we want

'Cause there ain't nobody home [*3]

Swingin' to the left

And swingin' to the right

If I think about baseball [*4]

I'll swing all night yea

Swingin' in the living room

Swingin' in the kitchen

Most folks don't 'cause

They're too busy bitchin' [*5]

Swingin' in there 'cause

She wanted me to feed her [*6]

So I mixed up the batter [*7]

And she licked the beater [*8]

I scream you scream

We all scream for her [*9]

Don't even try 'cause

You can't ignore her

She's my cherry pie [*10]

Cool drink of water [*11]

Such a sweet surprise

Tastes so good

*1:玄関でスウィング！

*2:芝生でスウィング！ しかしswingという単語自体にエロい意味はない。

*3:ain't＝am not, is not, are notなどの短縮形、ain't nobodyで二重の否定になっているが、誰もいないことを強調している。

*4:野球と言えばスウィングって、そりゃまあそうですけど。

*5:bitch＝文句を言う。

*6:何か食べさせてほしいとせがまれたから……。

*7:バッターかきまぜ……。

*8:ビーター舐めて！ 見事なリズム。

*9:scream for＝～を求めて叫ぶ。

*10:彼女は俺のチェリー・パイそして冷たい水、ってどっちなんだよ！

*11:cool drink of water＝スラっとした魅力的な人物。

Make a grown man cry
Sweet cherry pie oh yea
She's my cherry pie
Put a smile[12] on your face
Ten miles wide
Looks so good
Bring a tear to your eye
Sweet cherry pie

Swingin' to the drums
Swingin' to guitar
Swingin' to the bass
In the back of my car[13]
Ain't got money
Ain't got no gas
But we'll get where
We're goin' if we
Swing real fast[14]

I scream you scream
We all scream for her
Don't even try 'cause[15]
You can't ignore her

Swing it! All night long,
Swing it!

*12：smile＋距離でにっこり笑顔。

*13：車の後部座席。アメリカ人は本当にカー・セックスが大好き。

*14：お金やガソリンがなくても、素早くスウィングすればイケちゃうのだ！

*15：興味ないふりなんてするなよ。どうせ無理なんだから。

Swingin the bathroom [16]

Swingin' on the floor

Swingin' so hard [17]

We forgot to lock the door [18]

In walks her daddy [19]

Standin' six foot four [20]

He said you ain't gonna swing [21]

With my daughter no more

She's my cherry pie

Cool drink of water

Such a sweet surprise

Tastes so good

Make a grown man cry [22]

Sweet cherry pie oh yea

She's my cherry pie

Put a smile on your face

Ten miles wide

Looks so good

Bring a tear to your eye [23]

Sweet cherry pie

Sweet cherry pie

*16：お風呂でスウィングしていたら……。

*17：それもとてもハードに！

*18：さらに鍵をかけるのを忘れていて……。

*19：彼女のお父さんが登場！

*20：お父さんの身長193cm！デカい！

*21：娘とは二度とスウィングさせないぞ！　まあそうなりますよね。

*22：チェリー・パイがおいしすぎて大人でも泣いちゃうくらい。

*23：可愛すぎて涙が出ちゃうほど。

CHERRY PIE
Words & Music by Joey Cagle, Steven J. Chamberlin, Jerry L. Dixon, Jani Lane and Eric Benjamin Turner
©Copyright　ROUND HILL WORKS
All rights reserved. Used by permission.
Print rights for Japan administered by Yamaha Music Entertainment Holdings,Inc.

Warrant
ウォレント

時代の狭間に花開いたダウン・ボーイズ!

PROFILE

　1984年に米ロサンゼルスで、エリック・ターナー(g)を中心に結成。後にジェイニー・レイン(vo)が加入し、ジョーイ・アレン(g)、ジェリー・ディクソン(b)、スティーヴン・スウィート(d)というラインナップで89年に『Dirty Rotten Filthy Stinking Rich』でデビューする。同作収録「Heaven」や次作の「I Saw Red」など良質なメロディが人気を呼ぶものの、オルタナティヴの台頭で失速。2011年にジェイニーが死去するが、バンドは現在も精力的に活動中。

収録アルバム

『Cherry Pie (いけないチェリー・パイ)』

　1990年リリースの第2作。タイトル・トラックのお気楽感で忌避されている向きもあるが、「Uncle Tom's Cabin」「Blind Faith」などブルージィかつシリアスなアプローチを用いた佳曲も多く、また「I Saw Red」などジェイニーのメロディ・センスも堪能できる力作。アートワークはなんと、名匠ヒュー・サイム。

Column

クスリ、ダメ、ゼッタイ！

アルコールに関する曲が無限に存在するのと同じく、ドラッグ・ソングも枚挙に暇がない。一口にドラッグと言っても、その種類はさまざま。効き目もヤバさも、千差万別だ。

アッパー系、すなわち摂取すると元気になっちゃうタイプの代表が、コカインだ。これをやると、疲れを感じなくなったり、眠らなくても平気になったりするので、過酷なツアーを繰り返すミュージシャンに好まれるのだろう。コカインを題材とした曲と言えば、やはりブラック・サバスの「Snowblind」(『Black Sabbath Vol.4』収録:72年)が一番に思い浮かぶ。"snow-blind"というのは通常「雪目」のこと。だが、ここではコカインでハイになること、あるいはコカイン中毒を意味している。

また、モーターヘッドには、「White Line Fever」(『Motörhead』収録:77年)なんていう随分と大胆なタイトルの曲がある。白いラインとは、もちろんコカインを吸引するときに作るラインのこと。「今夜は眠らないぜ、ホワイト・ラインに興奮させられているから」という歌詞も、実にストレート。モーターヘッドは「Speedfreak」(『Iron Fist』収録:82年)という曲も書いている。「眠りたくないんだ、俺はスピードフリークだから」と歌われるこの曲は、スピード、すなわちアンフェタミン賛歌。日本では覚せい剤に指定されている薬物だ。それにしてもモーターヘッドは、眠らないのが好きすぎだろ！ 81年に『No Sleep 'til Hammersmith』、さらには88年に『Nö Sleep at All』(=まったく眠らない！)なんていうライヴ盤まで出してるし。アッパー系が大好きだったんでしょうね。

逆に、ただただ幸せな気持ちになってダラーっとしてしまうのが、ヘロインに代表されるダウナー系だ。ガンズ・アンド・ローゼズの「Mr. Brownstone」(『Appetite For

ブラック・サバス
『Vol. 4』(72年)
「Snowblind」収録

ガンズ・アンド・ローゼズ
『Appetite For Destruction』(87年)
「Mr. Brownstone」収録

Destruction』収録：87年）では、ヘロイン大好きであったメンバーの実体験がつづられている。ヘロインはとにかくヤバい。気持ちよくて動けなくなってしまうから、まともな社会生活が営めなくなる。「Mr. Brownstone」でも、ヘロインをやって平気でショウに遅刻する、当時のメンバーのダメ人間ぶりが描かれている。ヘロインのオーバードーズで命を落としたミュージシャンも数知れない。ドラッグ大好きで有名なモーターヘッドのレミーですら嫌悪し、「Dead Men Tell No Tales」(『Bomber』収録：79年）などのアンチ・ヘロイン・ソングを残しているほど。また、フィル・アンセルモは、ヘロインのせいで3度心臓が止まった経験があると言っていた。

　一方でアッパー、ダウナーいずれにもなりうるのがマリファナだ。マリファナは世界各地で合法化が進められており、前述のコカインやヘロインなどと比べると、危険度は比較的少ないと言える。マリファナと言えば、メタル・ファンなら誰もがブラック・サバスの『Master Of Reality』(71年) に収録された「Sweet Leaf」(＝甘い葉っぱ) を思い浮かべるだろう。そのブラック・サバスからの影響も大きい"ストーナー・ロック"というサブジャンルは、存在そのものがマリファナに捧げられている。"stoned"というのは、マリファナでキマっている状態のこと。シンプルでヘヴィなリフを、異常なまでにしつこく繰り返すストーナー・ロックのスタイルは、"ストーンして"聴かれることを前提にしているのだ。アメリカのスリープによる『Dopesmoker』(03年) のタイトル曲は、ストーナー隊商やマリファナ司祭（って何だよ！）が登場する1時間超（！）のマリファナ賛歌。

モーターヘッド
『Bomber』(79年)
「Dead Men Tell No Tales」収録

スリープ
『Dopesmoker』(03年)
＊2012年リイシュー版

Animal
(Fuck Like A Beast)

アニマル

W.A.S.P.
ワスプ

Animal (Fuck Like A Beast)

発禁上等！　直球勝負！
本能の赴くままに綴る魔人伝！

　80年代のワスプはとにかく過激だった。股間にノコギリをつけ、客席に生肉を投げ込み、頭蓋骨から血を飲むというステージ・パフォーマンスも凄かったが、何よりもそのバイオグラフィーがイカしていた。ヴォーカル＆ベースのブラッキー・ローレスは、陸軍学校で軍曹を殴り放校。ドラムのトニー・リチャーズは、女教師と肉体関係を持ち放校。ギターのクリス・ホームズは、母親がヘルズ・エンジェルズで、やはり7歳のときに放校処分。そんな情報が当時の音楽雑誌やライナーノーツに記されていた。何なんだこの悪すぎるやつらは！　大きな衝撃を受けるとともに、純粋な子供だった私は、それらを100％信じていた。だが、大人になってから冷静に考えてみると、さすがに出来過ぎた話のような気もしてきた。「もしかすると日本市場向けの作り話という可能性もあるのでは？」なんていう、汚れた大人の考えまで頭をもたげてきてしまった。ところが、調べてみると、何とワスプのオフィシャル・サイトに言及があるではないか！　それによれば、「ブラッキーは13歳のときにギャングの喧嘩で刺され重傷を負い、陸軍学校に送られた。しかし、2年のお勤めの予定が18か月目に上級曹長をボコボコにしたため追い出された」そうなのだ。さらに、クリスの母親や放校の件も出ているではないか！　やはり、あのバイオグラフィーは本当だったのだ！　まあ、この情報が載っているのは、「ワスプに関する事実と噂」というコーナーではあるのだが。

　ここで取り上げる「Animal (Fuck Like A Beast)」こそ、ワスプの悪さを象徴する曲であった。だって「獣のようにファックしろ」って、いくらなんでも過激すぎ、ストレートすぎでしょう？　バンドはデビュー・

アルバム『W.A.S.P.（邦題：魔人伝）』のオープニング・ナンバーをこれにしたかったようだが、当然レコード会社が拒否。当時この曲はアメリカでは発表できず、イギリスでのみ、シングルとしてリリースされた。98年の再発盤では、オリジナルの構想どおり、この曲がアルバムのオープニングになったが、「〈I Wanna Be Somebody〉でスタートした方がいいなあ」と思った人も少なくなかったのでは？ ちなみに「I Wanna Be Somebody」というのは、「ひとかどの人物になりたい」という意味だ。当時の邦題は「悪魔の化身」だったが、内容は「サラリーマンになんかなりたくない。バンドで有名になって大金を手にしたい」というもの。悪魔も化身も、一切無関係な内容である。

　それにしても「獣のようにファックしろ」なんていう過激なタイトルを持った曲は、どのような内容なのだろう？「そりゃタイトル通りだろ」という声も聞こえてきそうだが、動物のセックスって、そんなに凄いものだろうか？ 実際、人間のセックスの方が、よほど変態で激しいのではないか。まあいいや。歌詞を見ていこう。冒頭、主人公は裸の女たちの写真を見ながらベッドに横たわっている。普通に読めばオナニーの描写かとも思えるが、問題はベッドが自分のではなく、"their beds"、つまり女たちのベッドになっている点。"Sweet convulsion starts a-Swelling inside my head" は、「頭の中で甘い痙攣が膨らみ始める」ということだが、"head" には日本語でいう「亀の頭」の意味があるため、膨らむのは亀の頭の方だとも解釈できる。"I'm making artificial lovers for free" はわかりづらい。"artificial" は「人工の」、

▲「Animal (Fuck Like A Beast)」のシングル盤ジャケット。歌詞の内容はともかく、ジャケットもインパクト満点！

「偽りの」という意味なので、一瞬ダッチワイフのことかとも思わせる。しかしこれは、続きを読めばわかるとおり、「偽りの恋人」、すなわち愛で結ばれている恋人ではないということだ。そんな相手を "for free"、つまり「ただで」見つけているのだ。

サビは「俺はやって来る、お前の愛を感じに、お前を縛り、お前の愛を盗む」だ。"on the prowl" というのは、「獲物を求めてうろつく」という成句。（アイアン・メイデンの「Prowler」は、露出狂が自分の裸を見てくれる獲物を探し回るという、これまたどうしようもない内容だ！）。"pelvic thrust" は難しい単語が使われているが、何のことない「骨盤をぐいぐい押しつけること」。前文の "I'll nail your ass to the sheets"、つまり「お前のケツをシーツに固定してやる」と合わせ、ただ単に激しい正常位を描写しているだけ。「獲物を求めてうろつき」、「お前を縛り付ける」主人公。ここまで来れば、何となくシチュエーションも見えてくる。これは女性宅に侵入し、女性を襲っているという内容としか考えられない。つまり「獣のようなファック」とは、愛のない無差別なレイプのことなのである！　当然のことながら、この曲は当時PMRC の攻撃対象となった（P146 の「PMRC」のコラム参照）。

09 年、ブラッキーは、自分の信仰に反するという理由で、「Animal (Fuck Like A Beast)」は「ここ数年プレイしていないし、2 度とプレイすることもない」と発言。そう、彼は敬虔なクリスチャンになっていたのだ！「13 歳の子供にこんな歌を口ずさんでほしくない」し、何より聖書には "Let no corrupt speech come from your mouth" ＝「不道徳なことを口にするべきではない」と書かれているからだそうだ。って、そんなこと聖書とは関係なくもっと早く気付こうよ！！

Animal (Fuck Like A Beast)

Words & Music by Blackie Lawless

I got pictures of naked ladies
Lying on their beds oh
I whiff that smell
And sweet convulsion
Starts a-Swelling inside my head

*1:"their"、つまり女たちのベッドに寝転んで!
*2:whiff= 鼻から吸い込んで匂いを嗅ぐ。完全に変態。
*3:head には日本語と同じく亀の頭の意も有り。

I'm making artificial lovers
For free
I start to howl I'm in heat
I moan and growl and the hunt
Drives me crazy
I fuck like a Beast

*4:発情して咆える。まさに"animal"。
*5:drive~crazy=~の気を狂わせる。

I come round,
Round I come feel your love
Tie you down,
Down I come steal your love

*6:お前を縛り、愛を盗む。本性が露わになる。

I'm on the prowl
And I watch you closely
I lie waiting for you
Well I'm the wolf
With the sheepskins clothing
I lick my chops
And your tasting good

*7:on the prowl =獲物を求めてうろつく。
*8:ここでの lie は横たわるの意。
*9:羊の皮をかぶった狼。
*10:この chop はラムチョップなどというときのチョップ。狩った獲物を舐めまわしているのだ。

I do whatever I want to, to ya
*11
I'll nail your ass to the sheets

A pelvic thrust

And the sweat starts up sting ya

I fuck like a beast

                                              *11：正常位の描写。

I come round,

Round I come feel your love

Tie you down,

Down I come steal your love

*12
Come ride, savage seduction   *12：ride しにやって来る！

Ride, ride, ride

Animal

ANIMAL (FUCK LIKE A BEAST)
Words & Music by Steve Duren
© SANCTUARY MANAGEMENT PRODUCTIONS LTD
All rights reserved. Used by permission. Rights for Japan administered by NICHION, INC.
Words & Music by Blackie Lawless
Copyright © by UNIVERSAL MUSIC Z TUNES LLC   All Rights Reserved. International Copyright Secured.
Print rights for Japan controlled by Shinko Music Entertainment Co., Ltd.

W.A.S.P.
ワスプ

百花繚乱のLAに舞い降りた、狂乱の魔人!

PROFILE

　1982年にブラッキー・ローレス(vo & b、後にg)を中心に米ロサンゼルスで結成。ランディ・パイパー(g)、トニー・リチャーズ(d)、クリス・ホームズ(g)が揃い、84年に『W.A.S.P.』でデビューする。過激な衣装とパフォーマンス、楽曲で、LAメタルの中でも特に際立つ存在感を放つが、89年の4作目『The Headless Children』からはブラッキーのソロ的傾向が強くなり、92年にはロック・オペラ『The Crimson Idol』なども発表。現在もブラッキーを中心に活動中。

収録アルバム

『W.A.S.P.(魔人伝)』
　1984年にリリースされたデビュー・アルバム。当時レコード会社の意向で本作に収録されなかった「Animal (Fuck Like a Beast)」は98年のリイシューからはアルバムに収められ、冒頭を飾っている。「I Wanna Be Somebody (悪魔の化身)」、モー娘。もビックリの「L.O.V.E. Machine」も人気曲。

Column

「(コンコン!) 失礼しま～す!」

　この世はラブソングであふれかえっているから、必然的にセックスに関する楽曲も多くなる。では、もう一歩推し進めて、お尻の方について歌っている曲となるとどうか。そこはさすがメタル。やはり奥が深い。こちらのトピックを扱った楽曲も、散見されるのである。

　有名どころでは、ディープ・パープルの「Knocking At Your Back Door」(『Perfect Strangers』収録:84年)がある。"back door"には「ケツの穴」という意味があり、「お前のバック・ドアをノックする」というタイトルは、それなりに露骨に思える。にもかかわらず、この曲は当時、アメリカのラジオでさんざんプレイされてしまった。何故なのか。AC/DCの「Dirty Deeds Done Dirt Cheap」(76年の同名アルバム収録)には、"I'm happy to be your back door man"というフレーズが出てくるが、"back door man" = "裏口の男"というのは、通常「間男」を指す。表玄関から堂々と入ることができない関係だからだ(AC/DCの曲の場合は妻の殺害依頼という文脈だが)。だから、「Knocking At Your Back Door」というタイトルを聞けば、不倫の歌なのだろうと早合点しても不思議はないのだ。だが、歌詞をじっくり読んでみると、奇妙なことに気付く。サビではまず、"It's knocking at the door" = 「ソレが表玄関をノックしている」と歌われる。不倫なのに堂々と表玄関？　しかも、ノックしているのは"I"ではなく"it"。そして、「お前は真相を知る、何がお前の裏口をノックしているのか」と続くわけだから、表玄関、裏口がそれぞれ何を意味しているかは、もはや説明不要。さすがはイアン・ギラン!

　一方、ニューヨークのクロスオーヴァー/スラッシュ・メタル・バンド、ニュークリア・アソルトには「Butt Fuck (You Figure It Out)」という曲がある(87年の『The Plague』EP収録)。"butt fuck"とは、そのものズバリ「ア○ル・セックス」のこと。しかし、内容は決して性的なものではない。「ビールを飲んでマリファナ吸って、制限速度55マイル(約89キロ)のハイウェイを90マイル(約145キロ)でブッ飛ばしていたら、曲がりきれず対向車と衝突」というのは、84年12月、モトリー・クルーのヴィンス・ニール(vo)が飲酒運転で事故を起こし、助手席に乗っていたハノイ・ロックスのドラマー、ラズルが死亡した事件のことだ。ここでは、ロック・スターだからといって罪を逃れることはできない、お前のようなやつは刑務所にいって他の囚人に"butt fuck"されるべきだ、と歌われているのである。

Column
ドエロ大魔王ザ・メントーズ！

　PMRC騒動でもっとも得をしたバンドと言われているのが、ドエロ大魔王、ザ・メントーズである。シアトル出身の黒覆面3人組は、メタルやパンクの世界ではカルト的人気を誇っていたが、もちろん「普通の」人々は、その存在など知る由もなかった。だが85年、PMRCのおかげで、彼らはアメリカ国民全員が知る存在となってしまったのだ！　下院の公聴会で、ロック有害説の切り札として取り上げられた「Golden Showers」。とにかくこの曲（というかザ・メントーズのすべて）の歌詞は酷い。"フィルシー15（汚らわしい15曲）"なんてかすんでしまうくらいに酷いのだ！

　「Golden Showers」というのは、「聖水シャワー」のこと。「いいか小娘、俺と一緒に来て聖水を浴びろ、口を開けて泡を味わえ、上体を起こしてケツから出る気体の匂いを嗅げ、お前の顔は俺のトイレットペーパー」（「ケツから出る気体」という不自然な言い回しは、原詞では"anal vapor"。英語においてもこんな言い回しはない。ただ単に、次の"toilet paper"と韻を踏むために作り上げられた、バカすぎる造語だ）。こんな歌詞が、公聴会で堂々と朗読されたのだ。当然場内は大爆笑の渦。しかもこの時の模様が、ケーブル・テレビでも中継され、ニュースでも取り上げられたものだから、ザ・メントーズは一躍時の人となってしまったのだ！（ベーシストであるドクター・ヒーゼン・スカムは、このとき仕事中であったが、突然友人から「お前のバンドがテレビで取り上げられてるぞ！」と電話がかかってきたのだそうだ）。おかげでライヴのオファー、お客さんも急増。彼らはテレビの人気トーク番組、『ジェリー・スプリンガー・ショウ』に出演するほどの人気を獲得してしまったのである！　まさにPMRC様々だ。

　「Golden Showers」が収録されていたのは、彼らのファースト・スタジオ・アルバム『You Axed For It!』（85年）。この作品、1曲の例外もなく、すべてがエロまみれ。「1人が上でもう1人が下、あいつはすべての穴で男を受け入れる」と歌われる「Sandwich of Love」は3P。「ヘルペスうつしやがったらぶっ殺すぞ！」という「Herpes Two」や、「オシッコするとき痛むんだ」という「Clap Queen」は性病について。"clap"というのは淋病のことだ。で、アルバムは「もうこれ以上勃ちません」という「My Erection Is Over」で終わるのだから、手に負えない。これほど滅茶苦茶なアルバムが、ほかにあるだろうか？　ちなみにアルバム・タイトルは"You asked for it"、すなわち「自業自得だ」という決まり文句のもじり。

　冒頭「カルト人気」という言葉を使ったが、実はザ・メントーズ・ファンである有名ミュージシャンは少なくない。その筆頭がメタリカだ。80年代、ジェイムズ・ヘットフィールド（vo & g）やクリフ・バートン（b）が遊びで参加していたパンク・バンド、スパスティック・チルドレンは、ザ・メントーズからの影響を公言していたし、ジェイソン・ニュース

テッド（b）が彼らのTシャツを着ている写真もある。さらにメタリカは、『Garage Days Re-Revisited』のレコーディングの際、ザ・メントーズをカヴァーすることも検討していたというのだ！ まあこれは、ザ・メントーズのメンバーから聞いた話なので、本当かはわからないが、まったくありえない話ではなかろう。

せっかくPMRCのおかげで有名になったザ・メントーズであるが、残念ながらその後大成することはなかった。原因の1つは、ドラマー兼ヴォーカリストであるエル・デューチェの酒癖。常にベロベロで、ライヴが途中で中止になるなんて当たり前。挙句の果てには、所属レーベルであるメタル・ブレイド・レコーズの社長室で酔っぱらって立小便をし、契約を失ってしまったのである。そんなザ・メントーズだが、90年代にもう1度世間を騒がせることになる。エル・デューチェが、タブロイド紙上で、「コートニー・ラヴに金を払うからカート・コバーンを殺すよう頼まれた」と発言したのだ。彼はまた、カートの死を巡るドキュメンタリー作品『Kurt & Courtney』内で、「カートを殺した犯人を知っている」と発言、ロック・ファンを騒然とさせた。さらには、エル・デューチェ自身が97年4月、突如電車にはねられて死んでしまったため、口封じで殺されたのではないかという憶測までたてられたのである。まあ、もちろんこれらはただのヨタ話で、デューチェがカートの死に関わっていたはずはない。タブロイド紙が記事をデッチ上げる場合、何の根拠もないと法的に問題が出る可能性がある。そこで記者たちは、世間のちょっと変わった人たちにお金を握らせ、嘘の発言をしてもらうのだ。記事の信憑性を問われた場合、「信憑性は知らないが、俺は少なくともこいつから話を聞いた」と責任転嫁するためにである。おそらくはデューチェのケースも、これだったのではないかと推測されている。

ザ・メントーズ
『You Axed For It!』（85年）

Part 3

勧善
懲悪！

一つ、人の世、生き血を啜り。二つ、不埒な悪行三昧。三つ、醜い浮世の鬼を退治てくれよう、ヘヴィメタル！　我ら目覚めた鋼鉄の志士による怒りの鉄拳、正義の雄叫び。いざ下せ鉄槌！

2 Minutes To Midnight — 100
悪夢の最終兵器（絶滅2分前）
by アイアン・メイデン

Master Of Puppets — 108
メタル・マスター
by メタリカ

Greenhouse Effect — 119
グリーンハウス・イフェクト
by テスタメント

Miracle Man — 127
ミラクル・マン
by オジー・オズボーン

Hook In Mouth — 136
フック・イン・マウス
by メガデス

Indians — 150
インディアン
by アンスラックス

Rio Grande Blood — 158
リオ・グランデ・ブラッド
by ミニストリー

2 Minutes To Midnight
悪夢の最終兵器（絶滅2分前）

Iron Maiden
アイアン・メイデン

差し迫る世界の終わり
世界終末時計が指し示す絶滅2分前!

　2018年1月、「世界終末時計が30秒進められ、残り時間が2分となった」というニュースが伝えられた。しかしこのニュース、どの程度一般の人々の耳目を引いたのかはわからない。そんなニュースは見た記憶もないという人も多数いるのかもしれない。ここで言う「一般の人々」とは、もちろん「メタル・ファンでない人々」という意味だ。われわれメタル・ファンは、このニュースを見て、「え、悪夢の最終兵器のせいで、絶滅2分前なのか!」と思わず血をたぎらせてしまった(核戦争が起こるかもしれないのに不謹慎だとか言うなよ!!　このニュース見て興奮しなかったメタル・ファンなんているはずもない!!　っていうか、そんなやつメタル・ファンじゃない)。

　そもそもこの世界終末時計(英語ではDoomsday clock。カッコいい)というのは、アメリカの科学誌『原子力科学者会報』が1947年から発表しているもの。真夜中の0時が人類滅亡だとした場合、現在われわれの時刻は何時なのかということを表現している。もともとは核戦争による滅亡限定だったが、89年以降は環境破壊なども考慮に入れられているようだ。これまでに一番滅亡に近づいたのが、23時58分、つまり絶滅2分前。核戦争の危機が最大になったというと、多くの人は1962年のキューバ危機を思い浮かべるだろう。アメリカの鼻先であるキューバに、ソ連から核搭載可能なミサイルが持ち込まれていることが判明。アメリカ側のU-2偵察機がソ連軍に撃墜されるなどし、両国間で核戦争の緊張が一気に高まった事件だ。実際アメリカ軍は強硬にキューバ攻撃を主張、ソ連攻撃用の核爆弾を搭載した戦闘機まで待機していたと言われるが、結局ケネディ大統領が穏健路線を選

択したため、ギリギリ核戦争は免れた。

　しかし、意外なことに、世界終末時計が絶滅2分前を示したのはこのときではない。それどころか60年〜63年の間、時計はノンキに絶滅7分前を示し続けていたのだ！　ケネディがテレビを通じアメリカ国民に向け、キューバに核が持ち込まれていることを発表。アメリカ国内では核戦争を恐れ食糧の買い占めなどが起きた。秘密主義のソ連国内ですら、核戦争の危機の噂は広がった。ここ日本でも、子供たちが「これは本当にヤバいのでは？」と怯えていた。世界中の人々が地球滅亡を覚悟したのだ。そんな状況にもかかわらず、世界終末時計は動かなかった。しかもその言い訳が、「動かそうとは思ってたんだけど、その前にキューバ危機が解決しちゃったから……」と小学生レベル。いい加減にもほどがあるだろう！　それとも核戦争の危機にビビりすぎて、時計の針を動かすどころではなかったのだろうか。で、絶滅2分前は、53年のアメリカ・ソ連の水爆実験成功時のことなのである。

　アイアン・メイデンが、この世界終末時計をテーマにした楽曲「2 Minutes To Midnight（邦題：悪夢の最終兵器〈絶滅2分前〉）」を含む5枚目のアルバム『Powerslave』を発表したのが84年。当時は冷戦真只中。79年にソ連がアフガニスタンに侵攻したのを受け、西側諸国が80年のモスクワ・オリンピックをボイコット。その報復で、東側諸国は84年のロサンゼルス・オリンピックをボイコット、なんていうことが行なわれていた時代。世界終末時計も、80年に7分前、81年に4分前、そして84年にはアメリカ、ソ連の軍拡競争を受け3分前まで進められている。当時を振り返ってみると、やはり核戦争の脅威というのはある程度のリアリティがあったように思う。その危機感を、「Nuclear何とか」とストレートに表現するのではなく、世界終末時計を用いたタイトルにしたアイアン・メイデンのセンスにはただただ

脱帽。しかしこの曲を訳すのは一苦労だ。抽象的な表現も多く、ネイティヴでも解釈が分かれる部分が少なくない。順を追って見ていこう。

"kill for gain" は利益のための殺人。一方の "shoot to maim" は、"shoot to kill" の反対、つまり射殺するのではなく、命に別状のない部分を撃って戦闘不能にするという意味。"Golden Goose" はイソップ物語の「金の卵を産むガチョウ」。無限に金を生み出すものだ。そんなガチョウに禁猟期はない（"never out of season"）。つまり金のために戦争をやろうと思えば、いつでもやれるということ。"a barrel of fun" は「楽しいひととき」という意味。一方の "living death" は「絶望的状況」とか「悲惨な状態がずっと続くこと」という意味。「楽しいひとときを過ごすため」、そして「戦争が引き起こす絶望的状況が大好きだから」俺は銃を持っているのだ。"go to war" は「戦争を始める」という決まり文句。"blood is freedom's stain" ＝「血は自由の染み」というのは詩的な表現だが、自由を得るためにはしばしば血が流されるということだろうか。

"The hands that threaten doom" はわかりにくいフレーズだが、まさに世界終末時計のこと。ここでは "hands" は「時計の針」のことで、"threaten" は「〜するぞと脅す」という意味にとれば良い。「時計の針が、破滅が近いと脅している」ということだ。

"Of a prime time Belsen feast, yeah!" という部分も難しい。"prime time" というのは、日本語で言うテレビのゴールデン・タイムのこと。"Belsen" は、ナチスの強制収容所があったドイツの都市。つまり家族で夕食を食べながら、強制収容所の番組を見ているということなのだろう。ブルース・ディッキンソン（vo）はこの曲に関して、「俺たちはみな、戦争に不快感を覚えつつも、それに魅かれる部分もあるのさ」と発言している。家族団らんをしながらナチスの収容所の番組を見る

というのは、人間が持っているこの二面性を象徴するシーンだ。

　"As the reasons for the carnage cut their meat and lick the gravy" も少々難解。"reasons for the carnage" は大虐殺の原因、つまり政治家と考えられる。政治家たちがうまそうな肉を切り、そこから肉汁がしたたっている。このフレーズは、次の "We oil the jaws of the war machine and feed it with our babies" とセットになっている。戦争で金儲けをしてうまい肉を食っている政治家と、自分たちの赤ん坊を犠牲にしてまで、搾取されている民衆が対比になっているのだ。"The body bags 〜" は、こちらもテレビや映画で良く目にする、死体入りの袋がずらりと並んだシーンを思い浮かべれば良いだろう。"jellied brain" というのは、ゼリー状になった脳ミソということ。しかし「お前を指さすやつらのゼリー状の脳ミソ」が何を意味しているのかははっきりしない。PTSD（心的外傷後ストレス障害）にかかった兵士のことだとする解釈もあるようだが。"As the madmen play on words and make us all dance to their song" は、文字通り訳せば「狂人は言葉遊びで俺たちを曲に合わせて踊らせる」となるが、「政治家たちは言葉巧みに民衆を操る」ということだ。"to the tune of 〜" というのは「〜の額まで」という決まり文句。何百万人もが飢えようが、政府は武器開発に投資しているということ。

　冒頭の話に戻るが、2018 年 1 月、真剣に核戦争の勃発におびえた人はどのくらいいただろう？　確かに北朝鮮情勢は緊迫してはいたが、個人的には 80 年代の方がよほどリアルに核戦争が起こりそうな気がしたものである。正直「これで 2 分前なのか」と、思ったメタル・ファンも少なくなかったのでは？　まあキューバ危機に 7 分前を指し続けた精度の低い時計ですからね。知れば知るほど世界終末時計には幻滅するのでありました。

2 Minutes To Midnight

Words & Music by Bruce Dickinson and Adrian Smith

Kill for gain or shoot to maim
We don't need a reason
The Golden Goose is on the loose
And never out of season
Some blackened pride still burns inside
The shell of bloody treason
Here's my gun for a barrel of fun
For the love of living death

The killer's breed or the demon's seed,
The glamour, the fortune, the pain,
Go to war again, blood is freedom's stain
But don't you pray for my soul anymore

2 minutes to midnight,
The hands that threaten doom.
2 minutes to midnight,
To kill the unborn in the womb.

The blind men shout let the creatures out
We'll show the unbelievers.
The Napalm screams of human flames
Of a prime time Belsen feast ... yeah!
As the reasons for the carnage
　cut their meat and lick the gravy
We oil the jaws of the war machine
　and feed it with our babies.

*1：人を殺し傷つけるのに理由は必要ない。

*2：金の卵を産むガチョウに禁猟期はない。

*3：a barrel of fun ＝楽しいひととき。
*4：living death ＝絶望的状況。

*5：魅力、富、苦痛。戦争の二面性。
*6：go to war ＝戦争を始める

*7：破滅が近いことを示す時計の針。

*8：生まれていないものたち、つまり未来をも核兵器は奪う。

*9：ナパーム弾＝ベトナム戦争の様子。

*10：ベルゼン強制収容所＝ナチス。
*11：政治家たちはうまい肉を喰らい。

*12：犠牲になるのはいつも一般人。

* repeat

The body bags and little rags of children

   torn in two.

And the jellied brains of those who remain

   to put the finger right on you

As the madmen play on words

   and make us all dance to their song

To the tune of starving millions

   to make a better kind of gun.

* repeat

Midnight...all night...

*13：body bag＝死体の入った袋。

*14：play on words＝言葉遊びをする。

*15：dance to ～＝～に合わせて踊る。

*16：to the tune of ＝～の額まで。

TWO MINUTES TO MIDNIGHT
Words & Music by Bruce Dickinson and Adrian Smith
Copyright © by Iron Maiden Publ Overseas Ltd
All Rights Reserved. International Copyright Secured.
Print rights for Japan controlled by Shinko Music Entertainment Co., Ltd.

Iron Maiden
アイアン・メイデン

世界を制し、なお続く明日なき戦い!

PROFILE

　(P38より承前) ポール・ディアノ (vo) からブルース・ディッキンソン (vo) に代わり、1982年に『The Number Of The Beast』を発表後、クライヴ・バー (d) が脱退。元トラストのニコ・マクブレイン (d) が加入する。以降エイドリアン・スミス (g) が脱退する90年の『No Prayer For The Dying』まで続く鉄壁の布陣となり、新たな黄金期を迎える。現在は、この時期のメンバーに、ヤニック・ガーズ (g) を加えた6人編成で活動中。

収録アルバム

『Powerslave』
　ニコ加入後の第二弾となる、1984年発表の5作目。冒頭を飾る大人気曲「Aces High (撃墜王の孤独)」、3作目収録曲の続編となる「Back In The Village」、エジプトをモチーフにしたタイトル曲、13分超の叙事詩「Rime Of The Ancient Mariner (暗黒の航海)」など、トップ・バンドの矜持が伺われる力作。

Master Of Puppets
メタル・マスター

Metallica
メタリカ

スラッシュ・メタルの行く末を変えた歴史的大名作！

　これまでに 600 万枚以上の売り上げを誇るというメタリカのサード・アルバム『Master Of Puppets』。この世紀の名盤は、ヘヴィメタルの世界から悪魔を駆逐しただけでなく、スラッシュ・メタルというジャンルを瀕死に追い込んだ戦犯でもあるのだ。今なお根強い人気を誇るスラッシュ・メタルが一度死にかかったなんて、若い人たちには信じられない話かもしれない。だが、90 年代を迎えるころ、スラッシュ・メタルは確実に絶滅危惧種に指定されていた。その原因を作ったのは、間違いなくメタリカなのだ。

　81 年にヴェノムがデビューし、スラッシュ・メタルの種が蒔かれる。そして 83 年、メタリカとスレイヤーがデビューしたことで、スラッシュ・メタルは一気に世界的ブームとなっていった。当時スラッシュ・メタルというのは、「速くてイーヴル」なのが当たり前だった。つまりヴェノム〜スレイヤーという流れが正統であったのだ。俺たちのほうが速い、俺たちのほうがイーヴルだ。そんな競争が繰り広げられ、スラッシュ・メタルは際限なく過激化していった。その頂点が 86 年。言い換えれば、スラッシュ・メタルという音楽が最も輝いていたのが 86 年ということだ。この年にリリースされた名盤は、数知れない。クリエイターの『Pleasure To Kill』。ダーク・エンジェルの『Darkness Descends』。とりわけリリースから 30 年以上が過ぎた今でもスラッシュの最高傑作として崇められ続けているスレイヤーの『Reign In Blood』は、究極のスラッシュ・メタル作品と言えるもの。スラッシュ・メタルは行きつくところまで行きついた。もちろん 87 年にはナパーム・デスやデスがデビューと、スピード競争、過激化競争は続いていくわけだが、それはもはやスラッシュ・

メタルという範疇では語れないものとなっていった。クリエイターやスレイヤー以上に過激を求めるためには、デス・メタルやグラインドコアといった、新たなジャンルが必要になったのだ。

　一方、そんな過激化競争に目もくれなかったのがメタリカだ。彼らはサタンに触れることもなく、セカンド・アルバム『Ride The Lightning』（84年）の時点ですでにスロー・ダウン。スラッシュ・メタルが、速くてイーヴル、すなわちバカな音楽だったとすると、メタリカはその真逆、インテリジェントという完全に独自の路線を歩むことで、絶大な人気を獲得していったのだ。事実、彼らはスラッシュ・メタルとカテゴライズされることを嫌っていた。そして、86年3月にリリースされた彼らのサード・アルバム『Master Of Puppets』。そのインパクトは絶大であった。「スラッシュ・メタル」などといううるさい音楽にカテゴライズされ、8分超の曲が3曲も並ぶという、とても売れるとは思えないこのアルバムが、何とビルボード・チャートの29位にランクインしたのだから一大事。「スラッシュ・メタル＝商業性のない音楽」というアイデンティティが引っくり返ってしまった。

　その結果、世界中のスラッシュ・メタル・バンドが勘違いをしてしまった。スラッシュ・メタルでも売れる。ただし、スピードを落とすことと、サタンについて歌わないことが条件。しかし、考えてみてほしい。なぜ、80年代初めにスラッシュ・メタルは注目を浴びたのか。それはまったく新しいアイデンティティを持った音楽だったからだ。では、スラッシュ・メタルのアイデンティティとは何か。バカであることだ。速くてイーヴル。もっとシャレた言葉づかいをするならば、初期衝動に満ちていたからこそ人々の心を掴んだのだ。そのスラッシュ・メタルからスピードとイーヴルさを取り去ったら、残るのは「普通の音楽」ではないか！　メタリカ、というか『Master Of Puppets』は奇跡だった。奇跡に2匹目の

ドジョウはいない。その証拠に、当のメタリカですら、『Master Of Puppets』を超える作品は作れていないではないか。だが、世界中のスラッシュ・メタル・バンドは、それが奇跡だとは認識できなかった。2匹目のドジョウを求めスピード・ダウンし、サタンの代わりに社会問題を取り上げるようになった。アイデンティティを失い、普通の音楽に成り下がったスラッシュ・メタルは、その求心力を失っていく。さらにグランジ・ブームがロック界を席巻し、ヘヴィメタル自体がメインストリームから駆逐されてしまう。一方アンダーグラウンドの世界では、デス・メタルやグラインドコアといった、スラッシュ・メタルをはるかに上回る過激さをもった音楽が台頭。スラッシュは進むことも退くこともできず、メインストリームにもアンダーグラウンドにも居場所をなくしてしまったのだ。解散、活動休止したバンドも少なくなかった。90年代初めころの話である。『Master Of Puppets』の成功がスラッシュを殺したのだ。ちなみに、スラッシュ・メタルが息を吹き返すのは、スラッシュのイーヴルさを復活させるムーヴメントであった北欧発のブラック・メタル・ブームを通過した、90年代後半からである。

　先ほども書いたとおり、『Master Of Puppets』は奇跡だ。非の打ちどころがないアルバムだ。それは歌詞の面にも言える。ドラッグ、戦争、ラヴクラフト。いずれの内容も、詩的にドラマチックに書かれている。その最も顕著な例が、このタイトル・トラックだろう。「Master Of Puppets」、すなわち「操り人形の主人」。ドラッグ中毒になり、自分をコントロールできなくなってしまった人間を、主人＝ドラッグに操られる人形として描いているわけである。詩的表現も少なくないゆえ、解釈が難しい部分もある。順を追って見ていこう。出だしの"Passion play"は、某有名翻訳家が「情熱のプレイ」って訳しちゃったとかでよく話題になるが、キリストの受難劇、すなわちキリストが磔にされる

ところをモチーフにした劇だ。「受難劇の終わり」、つまりドラッグ中毒も来るところまで来て、お前の人生ももう終わりということである。"I'm your source of self-destruction"という一文からもわかるとおり、この曲ではドラッグが一人称で擬人化されている。"sucking darkest clear"は、水に溶かしたコカインを注射器に吸い込んでいるところだと解釈できる。"Dedicated to how I'm killing you"というフレーズは、「俺がお前を殺しているやり方に専心して」と、直訳するとよく意味がわからないが、「気分は良くなるが、実は体を蝕む」というドラッグの性質のことであると理解できるだろう。ドラッグに溺れた結果、ドラッグが主人（Master of puppets）となり、中毒者はすっかり操られてしまう（"I'm pulling your strings"）。

"needlework the way"は、"work its way into 〜" =「〜の中に入り込む」という成句から。"needlework" =「針仕事」という単語と組み合わせ、注射針を刺しているシーンになっている。"pain monopoly, ritual misery"は解釈が難しい。"ritual"は通常「儀式」という意味だが、「慣習的な行為」という意味もある。「苦痛の独占、慣習的に繰り返される苦悩」、つまりドラッグ中毒者は常に苦痛にさいなまれ、ドラッグをやめるにやめられないといったことだろう。"Chop your breakfast on a mirror"は、コカインを摂取する様子を表している。鏡の上にコカインを乗せ、カミソリで細かく砕いて鼻から吸い込むのである。そしてここで、コカインが朝食とされていることにも注目。朝起きて一番にやることがドラッグ。さらにコカインをやると食事をとらなくてもよくなるのだ。

ギター・ソロに入る直前の"Fix me !"という叫びは、「助けてくれ！」と「ドラッグを打ってくれ！」という2通りの解釈が可能。ドラッグをやめたいけどやめられないという、中毒者の気持ちをダブル・ミーニン

グで見事に表現している。"Fix"は、「固定する」、「修理する」、「解決する」、「麻薬の注射を打つ」など、実に多様な意味を持つ単語だ。

"Just a rhyme without a reason"は、"without rhyme or reason"という言い回しから。韻も踏んでなきゃ理由もない、ということで「何の道理もなく」、「訳も理由もなく」という意味。ここでは"rhyme"はあるけど"reason"はないとなっている。"rhyme"はあるというのは、前の2行が"that"と"habitat"で韻を踏んでいるということだろう。この2行は「ドラッグの快楽のためなら地獄もいとわない」という内容。ドラッグ中毒者のこんな戯言に、明確な理由などはないというニュアンスだ。

"numbered days"というのは、「死までの残り少ない日々」という意味。"Your days are numbered."というと、「あなたの余命は幾ばくも無い」ということだ。"out of season"は、「2 Minutes To Midnight」の項で「禁猟期」として取り上げたが、ここでは「お前の命は期限切れ」という意味で使われている。"I will run through you "は、「ドラッグがお前の血管の隅々まで行き渡る」という意味にも取れるし、"run through"を「使い果たす」、あるいは「ぶっ倒して強引に突破する」と解釈すれば、「お前をボロボロにしてやる」ということになる。

とにかく読めば読むほどよくできている歌詞だ。韻の踏み方も見事だし、ヴェノムと違って、韻のせいで内容が犠牲になることもない。音楽も超一流なら歌詞も超一流。まさに奇跡。スラッシュ・メタルの世界から、メタリカだけが超スーパースターになったのも、理由なきことではないのである。

Master Of Puppets

Words & Music by James Hetfield, Lars Ulrich, Cliff Burton, Kirk Hammett

End of passion play[*1], crumbling away

I'm your source of self-destruction

Veins that pump with fear,
　sucking darkest clear[*2]

Leading[*3] on your deaths' construction

Taste me you will see[*4]

More is all you need

You're dedicated to

How I'm killing you[*5]

Come crawling faster[*6]

Obey your Master[*7]

Your life burns faster

Obey your Master

Master

Master of Puppets I'm pulling your strings[*8]

Twisting your mind and smashing
　your dreams

Blinded by me, you can't see a thing[*9]

Just call my name, 'cause I'll hear
　you scream

Master

Master

Just call my name, 'cause I'll hear
　you scream

*1: Passion play＝キリストの受難劇。

*2: コカインだ！

*3: lead on〜＝〜するよう仕向ける。

*4: 味わえばもっと欲しくなる。

*5: しかしドラッグは体を蝕みお前を殺す。

*6: 這ってくるほどの中毒。

*7: 主人＝ドラッグの言いなりに。

*8: 操り人形の糸を引くのはドラッグ。

*9: ドラッグの快楽に溺れ現実が見えない。

Master

Master

Needlework the way, never you betray[*10]

Life of death becoming clearer

Pain monopoly, ritual misery[*11]

Chop your breakfast on a mirror[*12]

Taste me you will see

More is all you need

You're dedicated to[*13]

How I'm killing you

Come crawling faster

Obey your Master

Your life burns faster[*14]

Obey your Master

Master

Master of Puppets I'm pulling your strings

Twisting your mind and smashing
   your dreams

Blinded by me, you can't see a thing

Just call my name, 'cause I'll hear
   you scream

Master

Master

*10：work its way into〜という決まり文句のもじり。

*11：何だかよくわからないが、実にカッコいいフレーズ！

*12：コカインを鏡の上で砕く。

*13：自分を殺すドラッグにdedicated to＝身を捧げているのだ。

*14：命の火は素早く消えて行く。

Just call my name, 'cause I'll hear
   you scream
Master
Master

Master, Master, where's the dreams that
I've been after?[15]   *15：be after〜＝〜を求めている。
Master, Master, you promised only lies
Laughter, Laughter, all I hear or see[16]   *16：all I hear is〜 ＝聞こえるのは〜だけ。
   is laughter
Laughter, Laughter, laughing at my cries

Fix me[17]   *17：見事なダブル・ミーニング。

Hell is worth all that, natural habitat[18]   *18：得られる快楽のためなら地獄もいとわない。
Just a rhyme without a reason[19]   *19：韻は踏んでいても理由などない。
Neverending maze, drift on numbered[20]   *20：numbered days ＝死までの残り少ない日々。
   days
now your life is out of season[21]   *21：お前の命は期限切れ。

I will occupy
I will help you die[22]   *22：help〜 動詞原形＝〜が〜するのを手伝う。
I will run through you[23]   *23：run through＝行き渡る、強引に突破する、使い果たす。
Now I rule you too

Come crawling faster
Obey your Master
Your life burns faster
Obey your Master
Master

Master of Puppets I'm pulling your strings[*24]
Twisting your mind and smashing
   your dreams[*25]
Blinded by me, you can't see a thing
Just call my name, 'cause I'll hear
   you scream
Master
Master
Just call my name, 'cause I'll hear
   you scream
Master
Master

＊24：strings と thing の韻。

＊25：dreams と scream の韻。

MASTER OF PUPPETS
Words & Music by James Hetfield, Lars Ulrich, Cliff Burton, Kirk Hammett
© Copyright by 1985 Creeping Death Music
The rights for Japan licensed to Consortium Music Publishing Japan Ltd.

Metallica
メタリカ

ジャンルの垣根を越えて君臨するモンスター・バンド!

PROFILE

　ラーズ・ウルリッヒ（d）とジェイムズ・ヘットフィールド（vo & g）を中心に、1981年米ロサンゼルスで結成。コンピレーション盤『Metal Massacre』に参加後、デイヴ・ムステイン（g）が加入するものの後に解雇され、クリフ・バートン（b）、カーク・ハメット（g）を加えた布陣で83年に『Kill 'em All（血染めの鉄槌）』を発表する。86年にクリフを事故で失うものの、91年の『Metallica』が大ヒットし、名実共にトップ・バンドとして君臨している。

収録アルバム

『**Master Of Puppets（メタル・マスター）**』
　クリフ・バートンの遺作となってしまった、1986年リリースの第3作。アコギのイントロに導かれる「Battery」、重厚な「Welcome Home (Sanitarium)」、ドラマティックなインスト曲「Orion」、激烈な「Damage, Inc.」など寸分の隙もない楽曲陣で、スラッシュ・メタルとしては異例のセールスを上げた完璧な一枚。

Greenhouse Effect
グリーンハウス・イフェクト

Testament
テスタメント

環境破壊を憂い、怒る
ベイエリア・スラッシュの雄!

　メタリカの項で、スラッシュ・メタルの頂点は 86 年であり、その後は下り坂であったと書いた。だが、1 つだけ例外がある。いわゆるベイエリア・スラッシュ・ブームである。テスタメントにデス・エンジェル、ヒーゼン、フォービドゥンといったバンドが、87 年〜 88 年にかけて一気にデビューをしている。このムーヴメント自体、メタリカを輩出したサンフランシスコのスラッシュ・メタルにレコード会社が目をつけたという、まさにポスト『Master Of Puppets』を象徴するものであったため、いずれのバンドも過度に速かったわけでも、イーヴルであったわけでもない。そういう意味で、『Master Of Puppets』以前のバカ・スラッシュ・ブームとは、一線を画すものだった。しかし彼らとて、もともとインテリジェントであったわけではない。『Master Of Puppets』以前は、やはり多少のバカをやっていたのである。フォービドゥン・イーヴルが、「イーヴル」という単語を落としてフォービドゥンとしてデビューしたのが、それを象徴しているだろう。

　ここで取り上げるテスタメントも同様だ。結成は 83 年にまでさかのぼる。当初はレガシーという名前で、後にエクソダスに加入するスティヴ・"ゼトロ"・スーザがヴォーカルを務めていた。86 年にテスタメントとバンド名を変え、87 年にチャック・ビリーをヴォーカルに迎え、『The Legacy』でアルバム・デビューしている。この作品、リリースは『Master Of Puppets』以降とは言え、内容は 83 年の結成以来書き溜めたものなので、イーヴルな歌詞も少なくない。「Burnt Offerings」は、戦争の行方をタロットで占うものだし、「C.O.T.L.O.D.」には「すべての処女は今夜死ななくてはいけない」なんていうフレーズも出て来る始末。

テスタメントも非常にオカルト色の強いバンドだったのだ！

　しかし 88 年の『The New Order』、89 年の『Practice What You Preach』とアルバムを重ねるごとに、オカルト色、スラッシュ色は減退、代わりに社会派ぶりは顕著になっていく。メタリカと同郷のバンドだ。強く『Master Of Puppets』を意識したとしても何ら不思議はない。ここで取り上げる「Greenhouse Effect」は、その『Practice What You Preach』収録曲。そもそもアルバム・タイトルからして、「人に言うことは自分でも実行しろ」という意味。オカルト色などあろうはずもない。"Greenhouse Effect" というのは、「温室効果」のこと。で、中身ももちろん温室効果についてかというと、少々微妙なのだ。内容を見ていこう。

　出だしの "Fools the ones who stray" は、このままだとよくわからないのだが、おそらくは "Fools, the ones who stray"、つまり「愚か者たち、さまよう者たち」だろう。続いて "rain forest" =「熱帯雨林」が南米で焼かれていることが示される。"to the ground" は、"burn to the ground" という成句。「全焼する」、「焼き尽くす」という意味。エクストリーム・メタルでは頻出のフレーズだ。"run low" というのは残りが少なくなるという意味。だから、"Time is running low" は「残り時間が少なくなってきている」だ。アイアン・メイデンの「Hallowed Be Thy Name」(『The Number Of The Beast』収録：82 年) でもおなじみのフレーズだろう。

　"Lies they televise paid by the government" は、「政府から金をもらったヤツらがテレビで広めた嘘」ということ。"There on! it lingers on"は、「そしてそれ (森林破壊) は続いていく」という感じだろうか。"Seal someone's fate" は、「～の運命を決定的なものにする」の意。ヤツらはこの地球が破滅しようが、気にしないのだ。"take a stand" は「立

場をはっきり表明する」。これ以上森林破壊は許さないと、みんなが声をあげるときということだ。

続く "Plagued with disease" は「疫病に悩まされ」という意味だが、疫病？ これって温室効果の歌ではなかったっけ？ 森林破壊が起こると、生態系に変化が起こり、結果動物経由で新たな疫病が蔓延することもある。森林が減った結果、水たまりが増え、蚊が大量発生するのも疫病の原因となる。結局はタイトルこそ「温室効果」であるが、ここでのメイン・テーマは森林伐採なのだ。南米の熱帯雨林が焼畑農業で失われることで起こるさまざま弊害が描写されているのである。

80年代当時、「ポロノロエステ計画」というものがあった。世界銀行から巨額の支援を受けたブラジル政府は、スラム化防止のために、都市に住む貧民たちにアマゾンの土地を無償で与えた。だが、彼らは焼畑で森林を破壊しつくした挙句、また都市へ戻ってしまった。結局アマゾンが滅茶苦茶になっただけだったのである。とんでもない大失策であった。「政府から金をもらいヤツらが広めた嘘」というフレーズは、この事件が念頭にあったのかもしれない。タイトルを「森林伐採」でなく「温室効果」としたのは、当時これにバズワード感があったからだろうか。

Greenhouse Effect

Words & Music by Alexander Skolnick, Luciano Clemente, Eric Peterson and Greg Christian

Fools the ones who stray, *1
    the rain forest burns away
Know what to believe,
    this is the air we breathe
So the world we know is dying slow
    in South America
Flames are burning down, *2
    all the trees to the ground

Time is running low, *3
    we can't stay no more
Wealth these people see,
    fight for eternity *4
Lies they televise paid by their *5
    government
There on! It's lingers on *6
And they don't even care in they...

Seal the Planet's fate *7
Crimes they perpetrate *8
Wasting precious land
It's time to take a stand *9

Our only hope to breathe again
To stop the madness closing in *10
What will we do when all is lost
Environmental holocaust... (repeat)

*1：実際は Fools のあとにカンマ。

*2：burn ～ to the ground ＝～を焼き尽くす。

*3：run low ＝残りが少なくなる。

*4：for eternity ＝永遠に。

*5：televise ＝テレビ放映する。

*6：linger on ＝しつこく残る、ここでは森林破壊が続いていくということか。

*7：seal one's fate ＝運命を決する。
*8：perpetrate＝（犯罪を）犯す。

*9：take a stand ＝態度を明確にする。

*10：close in ＝迫ってくる、包囲する。

Foes, these people go,
    someone destroyed their home
*11
Plagued with disease,　　　　　　　　　　　　　　＊11:plague with〜＝〜を悩ます。
    left praying on their knees
Laws protect the land,
    social justice in demand　　　　　　　　　　＊12:in demand＝需要がある、
    *12　　　　　　　　　　　　　　　　　　　　　　　必要である。
Smoke it fills the air into the atmosphere
Now it's time to see a cycle of a tragedy
On! It lingers on,
    and they don't even care if they...

Seal the Planet's fate
Crimes they perpetrate
Wasting precious land
It's time to take a stand

Our only hope to breathe again
To stop the madness closing in
What will we do when all is lost
Environmental holocaust!... (repeat)

GREENHOUSE EFFECT
Words & Music by Alexander Skolnick, Luciano Clemente, Eric Peterson and Greg Christian
Copyright © by UNIVERSAL MUSIC Z TUNES LLC
All Rights Reserved. International Copyright Secured.
Print rights for Japan controlled by Shinko Music Entertainment Co., Ltd.

Testament
テスタメント

伝家の宝刀、ベイエリア・クランチ!

PROFILE

1983年、エリック・ピーターソン (g) を中心に、米サンフランシスコでレガシーという名前で結成。後にアレックス・スコルニック (g)、グレッグ・クリスチャン (b)、ルイ・クレメンテ (d)、チャック・ビリー (vo) というラインナップが揃うものの、同名バンドがいたためテスタメントに改名し、87年に『The Legacy』でデビューする。現在は、エリック、チャック、アレックスに、スティーヴ・ディジョルジオ (b)、ジーン・ホグラン (d) という豪華な編成で活動。

収録アルバム

『Practice What You Preach』

1989年リリースの第3作。ノストラダムスの予言を軸に、核戦争や環境破壊をテーマにした前作『The New Order』(88年) からの流れを汲み、より現実的な問題を扱った作風を打ち出した。タイトル曲は現在でもライヴのハイライトとなるメタル・アンセム。次作にも続くような、不気味ながら味のあるアートワークも印象的。

Column

クルックル！ 手のひら返し

『Master Of Puppets』の商業的成功は、スラッシュ・メタルの世界から悪魔を駆逐してしまった。世界中のスラッシュ・メタル・バンドが思った。「スラッシュでも売れて大金持ちになれる！　悪魔を捨て、インテリジェントなれば」と。これは、『Master Of Puppets』の前と後の、歌詞の傾向を見てみればはっきりとわかる。「ここまでやるか！」と驚愕するような手のひら返しが、世界各地で行なわれていたのだ。

その最もわかりやすい例が、エクソダスである。85年のデビュー作、『Bonded By Blood』の歌詞は実にイーヴル。全編「我が神、サタン」、「地獄でサタンと共に暮らせ」、「お前の顔面を蹴り、ワイフをレイプして殺してやる」なんていう調子。悪魔と暴力づくしであった。ところが、メタリカの成功を挟み、87年にリリースされたセカンド・アルバム『Pleasures Of The Flesh』では一転。「政治家たちはみんな賄賂をもらっている、公害のせいで癌が広まる」なんて具合に、突然社会問題に目を向けてしまうのだ！　変わったのは歌詞だけではない。「歌をきちんと歌える」ヴォーカリスト、スティーヴ・"ゼトロ"・スーザを加入させ、スピードもダウン。極論すればこのアルバム、デビュー作とは一切の共通点が見いだせないような内容なのである。

まあこれもやむを得ない。彼らはメタリカと同じ、サンフランシスコの出身。というより、メタリカのギタリスト、カーク・ハメットは、エクソダスのオリジナル・メンバーだ。身近な仲間の成功に、心穏やかでいられなかったとしても、誰が責められようか。しかしあれから30年。現在永遠の名盤として崇められているのは、彼らがかつて否定しようとしたファースト・アルバムの方であるというのだから面白いものだ。

エクソダス
『Bonded By Blood』（85年）

エクソダス
『Pleasures Of The Flesh』（87年）

Miracle Man

ミラクル・マン

Ozzy Osbourne
オジー・オズボーン

悪魔の申し子が暴く
"正義の伝道師"の醜聞

　80年代、リアルタイムでメタルを聴いていた人たちならば、「テレビ伝道師」をご存じだろう。アメリカのケーブル・テレビには、キリスト教専門チャンネルがあり、そこで伝道師たちのとても有難い言葉を聞くことができる。中には非常に弁が立つため、物凄い人気を博しているテレビ伝道師もいる。そんな話がここ日本にも伝わってきていた。テレビというメディアに目をつけ、テレビ伝道師という形でこれを積極活用したのが、キリスト教「福音派」であったのだが、この「福音派」とは一体何なのか。調べてみると、だいたい「聖書を重んじるプロテスタント」であるとか、中には「福音主義のプロテスタント」なんていうほぼ解説になっていない解説もあったりで、何だかよくわからない。結局その定義はあいまいで、「保守的なプロテスタント」程度の意味と思っておけば良いようだ。「保守的」と一口に言っても、「人間は神様が作った。進化論を学校で教えるなんて許せない！！」なんていう本気な方々から、「キリストが死後3日で復活？　そんなのはフィクションだろうけど、中絶と同性愛はNGだよね」くらいの方々までさまざま（ちなみに旧約聖書の中で神様が「産めよ、増やせよ」と言っているから前者がダメで、メタル・ファンならおなじみ、同性愛がはびこったソドムの街が神様に焼き滅ぼされたから後者もダメなのだそう）。

　一方すべての福音派に共通しているのは、彼らが聖書の教えを広めること、つまり伝道に非常に重きを置いているということだ。「福音派」と「伝道師」は、英語ではそれぞれ「Evangelical」、「Evangelist」であり、「evengelize」という動詞は「伝道する」という意味。そんな彼らだから、テレビを使ってより多くの人々に聖書のありがたい教えを広

めようなんていう画期的なアイディアを思い付いたのだろう。70年代終わりから出現したテレビ伝道師たちは、「いくらなんでも最近のアメリカは、暴力とエロがはびこりすぎじゃないか？」と訴え、「最近の若者はけしからん！」と嘆いていた人々の心を掴みまくったのだ。

そんな福音派のTV伝道師たちが、暴力とエロの権化であるヘヴィメタルに目をつけないわけがない。中でもジミー・スワガートはヘヴィメタル攻撃の急先鋒を務めていた。70年代の終わりからテレビ進出し、83年頃には全米250のテレビ局で彼の説教が放映されるほどの人気を博していたスワガート。85年、アメリカで10代の少年が、オジー・オズボーンの「Suicide Solution」（『Blizzard Of Ozz』収録：80年）を聴いたあとに自殺をしたとされる事件が起こるや否や、彼はオジーを「邪悪なもの」として、ことあるごとに糾弾。ロックやロック雑誌は「新しいポルノ」であるとの非難を繰り返した。非常に大きな影響力を持つテレビ伝道師によるバッシングであるから、ただでは済まない。その直後、スーパー・マーケットの最大手ウォルマートがモトリー・クルーやオジー・オズボーンのレコードを店頭から撤去するという事件まで起こった（ウォルマートはスワガートの発言との関係についてコメントを拒否しているが）。ジミー・スワガートは、まさにロック、ヘヴィメタルの敵だったのだ！　しかしその「ポルノ」発言、ジミーにとっては壮大なブーメランとなってしまう。

88年、正義の味方ジミー・スワガートは、買春をしていることを暴露されてしまう。でまた、その経緯がダサすぎるのだ。86年、スワガートのライバルであったテレビ伝道師、マーヴィン・ゴーマンが信者との不倫を暴露され、聖職をはく奪されるという事件が起こった。暴露したのはスワガート。彼のこのような行為は、これが初めてではなかった。以前にも、やはりテレビ伝道師であるジム・バッカーの不倫を糾弾し

ている。復讐に燃えたゴーマンは、スワガートが売春婦とともにモーテルに入る瞬間の撮影に成功。スワガートは、「公式の場で謝罪し、ゴーマンが復職できるよう取り計らう」と約束したが、何のアクションもなかったために、ゴーマンは暴露に至ったのだ。神様の世界は凄すぎる！ スワガートは教会での聞き取り調査に対し、売春婦は買ったが最後まではしていない（それはそれでダサい）と主張、また子供の頃からポルノ中毒であったことを告白した。ポルノ中毒って何だよ。一方、お相手の売春婦の証言も——真偽のほどはともかく——酷い。20回ほど相手をしたが、本番は1度だけ。あとは彼女にエロい格好をさせ、スワガートは自分でシゴいていた。9歳の娘も連れて来いと言われたが、当然断った。金払いも悪かった。「有名なテレビ伝道師に似てるわね」と言うと、「よく言われるんだ」と答えていた、などなど。そもそもこの売春婦自体、ゴーマンがスワガートを陥れるために雇ったという見方もあるが、真偽のほどはわからない。さらには、スワガートとSMプレイに興じたと証言する別のストリッパーまで登場。彼女はスワガートを、馬用の鞭で滅多打ちにしたというのである。いずれにせよ、あまりにダサすぎる事件だ。他人の性癖に口を挟むものではないかもしれない。しかし、ロックを「新しいポルノ」だと糾弾し、他人の情事を暴露し失職に追い込んでいた男の正体がこれでは、笑うなという方が無理である。

　そんなあまりに哀れすぎる敵に、オジーが捧げたのが「Miracle Man」。この曲の歌詞はとても面白い。どこかに嘘をつかない奇跡の男はいないものか。しかし "I don't know where he'll come from, and I don't know where he's been"。つまりそんな奇跡の男がどこからやってくるのか、どこにいるのか、皆目見当がつかない。確実なのはジミー・スワガートがその人物ではないということ。だってジミーは "obscene"

=「卑猥」、「みだら」なのだから。これが 1 番の歌詞だ。

　2 番の "Today I saw a miracle man, on TV cryin'" というのは、スキャンダルが公になったジミーが、8,000 人の信者、そして彼の家族を前に、テレビで大泣きしてみせた件。大粒の涙をボロボロと流し、天を仰いで「私はあなた方、そして我が主に対し罪を犯してしまいました」とやってみせたのだ。彼の信者は一緒になって涙を流し、スタンディング・オベーションまで起こったというのだから、凡人には理解できない世界というものがあると思わざるをえませんな。曲中スワガートを "Jimmy Sinner" と呼んでいるのも、このときの演説「私は罪を犯してしまいました（"I have sinned"）」を揶揄してのことだろう。

　で、ここからが見事なところ。"He don't know where he's goin', but we know where he's been" という 1 番のサビ前とほぼ同じ歌詞なのだが、ここでは「ジミーはこれからどうなっちゃうのかわからない、でも俺たちはやつがどこにいたか知ってるよ（＝女とモーテルにいた）」という内容になっているのだ！　当然文法的には "He doesn' t know 〜" が正しいが、そうすると曲のリズムにフィットしない。"get busted" はスラングで、「逮捕される」とか「捕まる」という意味。この件でジミーは逮捕されたわけではないので、「ミラクル・マンが売春婦と一緒にいる現場をおさえられちゃった」という意味にとれば良い。学校ではたいてい受け身は「be 動詞＋過去分詞」と習うが、「get ＋過去分詞」でも OK。多少ニュアンスが異なるケースもあるが。

　続く "born again" というのは、福音派にとって重要な概念。さまざまな含みのあるボーン・アゲインだが、福音派的には「救済を感じることによる精神的生まれ変わり」みたいな感じのこと。ジミーはせっかくボーン・アゲイン（＝再生、新生）したはずなのに、事件のせいで dying（＝瀕死状態）なのである。ちなみに、慣例にのっとり「ボーン・

アゲイン」と記載しているが、"again"の発音は「アゲン」だ。さらに"crucifix"というのは、キリストが磔にされている十字架のこと。ジミーは敬虔なキリスト教徒を装っているが、中身はデビルなのだ。"brimstone and fire"は、硫黄と炎、つまり地獄のイメージ。「地獄の責め苦」や「天罰」を意味する。"carnal fix"は、直訳すれば「肉欲的な薬」で、つまりはセックスのことだろうが、決まり文句ではない。受験英語では、「『with＋名詞＋分詞』で付帯状況を表す」なんて訳わからない説明を受ける決まり文句も、"with his pants down"で「ズボンをずりおろしたまま」を例文に覚えれば楽勝。とにかく楽しい歌詞である。

　スワガート騒動には続きがある。91年、カリフォルニアで道路を逆走している車を不審に思った警官が車を止めさせると、中から出てきたのはミラクル・マン、ジミー・スワガート。しかもまたまた売春婦と一緒だったというのだから、彼の性欲だけはホンモノのようだ。売春婦の証言によると、助手席にはエロ本が数冊置いてあったそうだから、本当にポルノ中毒なのだろう。この時ジミーは信者に対し、「悪いのは私の中にいる悪魔（Demon spirits）だ」と弁解した。さらには「神にテレビ伝道師を続けるよう」言われたそうで、この事件後もシレっと説教を続けたのである！　さすがに信者は激減したようだが……。ちなみにジミー・スワガートは、未成年者との結婚が発覚し、一時業界を追われたロックンロール・スター、あのジェリー・リー・ルイスのいとこでもある。

Miracle Man
Words & Music by Ozzy Osbourne, Bob Daisley and Zakk Wylde

*1
I'm looking for a Miracle Man
That tells me no lies,
I'm looking for a Miracle Man
Who's not in disguise.
I don't know where he'll come from
And I don't know where he's been,
But it's not our Jimmy Sinner
Because he's so obscene.

Miracle Man got busted,
Miracle Man got busted.

Today I saw a Miracle Man,
On TV cryin',
Such a hypocritical man,
Born again, dying.

He don't know where he's goin'
But we know where he's been,
it was our little Jimmy Sinner
　on the screen.

Miracle Man got busted,
Miracle Man got busted,
Miracle Man got busted,
Miracle Man.

＊1：嘘をつかない、裏の顔のないミラクル・マンはいないものかな。

＊2：in disguise＝変装した。

＊3：そんな人がどこからやって来るのか。
＊4：どこにいるのかわからないけど……。
＊5：ジミーみたいなエロオヤジじゃないことは確実！
＊6：obscene＝卑猥な、みだらな。

＊7：get busted＝捕まる、逮捕される。

＊8：ブラック・サバスのアルバム・タイトルにもなった"born again"は宗教的な意味。

＊9：当然正しくはdoesn'tだが、それだとリズムが悪くなる。
＊10：俺たちはジミーがモーテルにいたことを知ってるよ！
＊11：私は罪を犯しました！
＊12：実際の歌唱は"Our eyes are on the screen". テレビで大泣きしてみせるジミーに俺たちの目は釘づけ！

* 13
A Devil with a crucifix,
* 14
Brimstone and fire,
* 15
He needs another carnal fix

To take him higher and higher.

Now Jimmy he got busted
* 16
With his pants down,
* 17
Repent ye wretched sinner,

Self righteous clown.

Miracle Man got busted,

Miracle Man got busted,

Miracle Man got busted,

Miracle Man got busted,

Miracle Man got busted,

Miracle Man got busted,

Miracle Man got busted.

* 13：十字架を持ってはいるけど、中身はデビル！
* 14：brimstone and fire ＝天罰。

* 15：ここでの fix は薬の意。

* 16：with his pants down ＝ズボンを下ろしたまま。
* 17：悔い改めよ、哀れな罪人。

MIRACLE MAN
Words & Music by Ozzy Osbourne, Bob Daisley and Zakk Wylde
© 1988 BMG VM MUSIC LIMITED
The rights for Japan assigned to FUJIPACIFIC MUSIC INC.

Ozzy Osbourne
オジー・オズボーン

破天荒を貫き続けるヘヴィメタルの帝王!

PROFILE

　1970年にブラック・サバスでデビューし、ヘヴィメタルの礎を築くものの、78年に解雇されソロに転身。ランディ・ローズ（g）を始め、多くの有望なギタリストを発掘したことでも知られる。97年からは断続的に再結成ブラック・サバスにも参加し、17年のラスト・ツアーでサバス50年の歴史にピリオドを打った。2000年代には破天荒かつユーモラスな日常生活を公開したテレビ番組『オズボーンズ』で、お茶の間にも進出。現在はソロ活動を再開している。

収録アルバム

『No Rest For The Wicked』

　ジェイク・E・リー（g）に代わり、ザック・ワイルドを新ギタリストに迎えて1988年にリリースされた5作目。レコーディングではボブ・デイジリーがベースを弾いているが、その後ブラック・サバスの盟友ギーザー・バトラー（b）が加入し、教会に豚を放って撮影された「Miracle Man」のPVにも登場した。

Hook In Mouth

フック・イン・マウス

Megadeth
メガデス

規制団体に叩きつける
インテレクチュアル・スラッシュ！

　80年代、テレビ伝道師とともにヘヴィメタルの大きな敵であったのが、PMRCだ。PMRCとは、Parents Music Resource Centerの略。85年、ティッパー・ゴア（アメリカ合衆国副大統領アル・ゴアの妻）ら、有力者を夫に持つ女性たちが集まり、「有害な音楽」の規制を図るために作られた団体である。ティッパー・ゴアが立ちあがったきっかけは、娘が聴いていたプリンスの「Darling Nikki」。まあ確かにこの曲、冒頭からして「ニッキーはセックス狂だった、彼女とはホテルのロビーでエロ本を見ながらオナニーをしているときに出会った」という滅茶苦茶なもの。ホテルのロビーでオナニーって、ヴェノムの「Teacher's Pet」をも超えている。娘がそんな曲を聴いていたら、普通のお母様なら仰天してしまうだろう。私でも卒倒する。で、こういう性的なものや暴力、悪魔などを賛美している音楽は規制されるべきであるという運動を始めたのだ。

　PRMCは当初、映画のように「○○歳未満には販売不可」というような規制を狙っていた。しかし、レコード協会と折り合いがつかず、結局過激な歌詞を含む作品に「ペアレンタル・アドバイザリー」のステッカーを貼ることを落としどころとした。別にステッカーなんて貼られてもいいじゃないかと思うかもしれないが、このステッカーがついている作品の販売を拒否する大手チェーン店もあったため、メジャーなアーティストにとっては有難い話ではなかったのだ。（P96のザ・メントーズを筆頭に、マイナーなアーティストにとっては、PMRCに槍玉にあげられることは最高の宣伝だったが）。そんなPMRCが発表したフィルシー15、すなわち「汚らわしい15曲」には、当然セックス、ヴァイ

オレンス、サタンをお家芸とするヘヴィメタルの楽曲がズラリと並んだ。しかし、そのチョイスが結構笑えるのだ。マーシフル・フェイトの「Into The Coven」(『Melissa』収録：83年) やヴェノムの「Possessed」(85年の同名アルバム収録) がピンポイントで入っているくせに、スレイヤーはスルー。W.A.S.P. の「Animal (Fuck Like A Beast)」のような妥当と思われる曲もあるが、概してメタルのことなんて何も知らないド素人が、適当に目についた曲をピックアップしただけなの丸出しである（当たり前だけど）。

メガデスのサード・アルバム『So Far, So Good... So What!』(88年) に収録された「Hook In Mouth」は、そんなPMRCをこきおろす内容。ただ、主題は明確なものの、意味を取りにくい部分が多々あり、訳すのは一苦労だ。冒頭から「コンクリートの中のゴキブリ、庁舎焼け〜、猫背の偏平足〜」と、さっぱり訳のわからない描写が続く。一体これは何なのか。偏平足とPMRCに何のつながりがあるのだろう。幸いにこのパートについて、デイヴ・ムステイン（vo & g）に直接尋ねることができた。

——「コンクリートの中のゴキブリ〜」から始まる冒頭部分ですが、誰か具体的なモデルがいるのでしょうか。
デイヴ：俺が書いた歌詞のキャラクターはウィンストン・スミスからインスピレーションを受けてできたものだよ。
——「庁舎焼け」(courthouse tan) というのは、どのような意味なのですか。
デイヴ：ずっと室内にいるから、青白い肌をしているという意味さ。
——では、「猫背の偏平足」とはどういうことなのでしょう。
デイヴ：これは、ひ弱で姿勢の悪い人間の描写だよ。

――「新たなる邪悪な規則の書」(New Way's Evil Book of Rules)とは、何のことですか。
デイヴ：『1984年』の中には、"The Theory and Practice of Oligarchical Collectivism"(『寡頭制集産主義の理論と実践』)という本が出てくるんだ。

　ウィンストン・スミスとは、ジョージ・オーウェルの小説『1984年』の主人公である。『1984年』は、全体主義国家による統治の恐怖を描いた作品。主人公が勤めている「真理省」というお役所は、政府に都合が悪い歴史記録の改ざんを行なうところ。政府に逆らう人間は、その過去、つまり存在したという記録まですべて抹殺されてしまう。ここでは言論の自由など存在しないのだ。「Hook In Mouth」の前半部分は、この『1984年』に基づいている。"purge"というのは通常「追放する」という意味であり、"purging truths into great lies"で「真実を嘘に変えてしまう」という意味にするのは異例。しかし、"purge"という政治的なニュアンスを持つ単語を使用することで、真実を捻じ曲げてる感が強く出ている。「大きな消しゴムを持った男」は「人すら消

『一九八四年』
著：ジョージ・オーウェル、訳：高橋和久
ハヤカワepi文庫

してしまう」。PMRCと真理省が重ね合わせられ、言論の自由を奪えば、『1984年』で描かれているようなディストピアが待っていると警告しているのだ。

"You say you've got the answers 〜"からは、PMRCの話になる。"yet to + 動詞"は、「まだ〜ではない」という決まり文句。"we know the worst is yet to come" =「まだ最悪な状態にはなっていない」、つまり今でも十分酷いのに、さらに悪い状況がやってくるのだから、このままでは「俺はもうおしまいだろう」("I believe my kingdom will come")。"kingdom come"というのは、「あの世」とか「天国」のこと。

サビは"FREEDOM"(=「自由」)という単語を分解して作られている。FはFighting（戦い）のF、RはRed（赤）のR、戦いの中で先祖たちが流した血。EはElectとEject。俺たちは選出（Elect）することも、追放（Eject）することもできる。なぜって、"the land of the free, and the home of the brave"に暮らしているのだから。この一文はアメリカ国歌『星条旗』からの引用だ。という具合に、自由の国アメリカの理念が見事につづられていくのだが、問題はここから。DはDying（死）、OはOverture(序曲)。PMRCの登場は、ディストピアへの序曲ということだろうが、自由の国アメリカの理念という主旨からずれちゃってるのが少々残念。で、MはManure（肥料）、Money（お金）って、かなりやっつけ感が出ている気がしなくもないが、さすがに良いネタが思いつかなかったか。まあいずれにせよPMRCなんていうものが存在するかぎり、「Freedom」なんていう単語には何の意味もないのだ。

「Hook In Mouth」というタイトルは、「口に引っかかった釣り針」のことであるが、これが何を意味しているのかは、曲の最後で明かされる。"Put your hand right up my shirt"というのがわかりにくいが、「俺の

シャツに下から手を突っ込んで」という意味。セサミストリートのマペットをイメージすればわかりやすいが、PMRCがマペット(すなわちミュージシャン)に手を突っ込み、パクパクと自分たちの都合のように喋らせようとしているということだ。ただ、次の行が"Pull the strings that make me work"、つまり「糸を引いて俺を動かす」となっていて、何だか操り人形と、手を突っ込む形式のマペットが混在してるような気がしなくもないが。口に釣り針を引っかけられた魚も同じ。"Jaws will part, words fall out"、つまり「口が開き、言葉がこぼれ出る」。"Jaw"は「顎」。日本語で「顎」というと下顎のイメージが強くなるが、ここでは"Jaws"と複数になっているので、上顎、下顎両方のこと。"part"はここでは動詞で「分かれる」、「裂ける」という意味。"words"が"fall out"するというのは、深く考えずに思わず出た言葉というイメージ。「PMRCに無理やり口を開けられ、思ってもいないことを言わされる」ということだ。だが、俺は魚ではない。俺は自分の意志で言いたいことを言う。それが「Hook In Mouth」というタイトルに込められた意味である。

Hook In Mouth

Words & Music by Dave Mustaine, Lee Hazelwood

A cockroach in the concrete,
    courthouse tan and beady eyes*¹
A slouch*² with fallen arches,*³
    purging truths into great lies
A little man with a big eraser,*⁴
    changing history
Procedures that he's programmed to,
    all he hears and sees
Altering the facts and figures,
    events and every issue
Make a person disappear,*⁵
    and no one will ever miss you

*⁶
Rewrites every story, every poem
    that ever was
Eliminates incompetence,
    and those who break the laws
Follow the instructions of
    the New Way's Evil Book of Rules*⁷
Replacing rights with wrongs,
    the files and records in the schools

*⁸
You say you've got the answers,
    well who asked you anyway ?
Ever think may be it was meant to
    be this way ?
Don't try to fool us,

*1：beady eyes＝悪意でギラギラした目。
*2：slouch＝猫背。
*3：fallen arches＝偏平足。どちらも『1984年』の主人公のイメージだ。

*4：歴史を書き換えるための大きな消しゴム。

*5：人の存在を消してしまう。これも『1984年』からのイメージ。

*6：このあたりも『1984年』からのインスピレーション。

*7："New Way's Evil Book of Rules"は、『1984年』に登場する『寡頭制集産主義の理論と実践』という本のこと。

*8：ここからPMRCへの攻撃！

we know the worst is yet to come [*9]
I believe my kingdom will come [*10]

F, is for fighting, R is for red
Ancestors' blood in battles they've shed
E, we elect them [*11], E, we eject them [*12]
In the land of the free and
   the home of the brave [*13]
D, for your dying, O, your overture
M, will cover your grave with manure [*14]
This spells out FREEDOM,
   it means nothing to me
As long as [*15] there's P.M.R.C

F, is for fighting, R is for red
Ancestors' blood in battles they've shed
E, we elect them, E, we eject them
In the land of the free and
   the home of the brave
D, for your dying, O, your overture
M, is for money [*16], you know what that cures
This spells out FREEDOM,
   it means nothing to me
As long as there's P.M.R.C

*9：PMRC の登場は『1984 年』のようなディストピアへの序章。
*10："kingdom come" は名詞で使うと「あの世」という意味になる。
*11：elect＝ 選挙で選ぶ。
*12：eject＝ 追放する、解雇する。
*13：アメリカ国歌「星条旗」が引用され、自由の理念が歌われる。
*14：manure＝ 肥やし、お前の墓を肥やしまみれにする。
*15：as long as 〜＝〜する限りは。
*16：やはり "D" 以降、自由の理念で押せなかったのが残念な気も。特に "money" は PMRC とどう結びつくのかよくわからない。

[*17] Put your hand right up my shirt
Pull the strings that make me work
[*18] Jaws will part, words fall out
Like a fish with hook in mouth [*19]

Rewrites every story, every poem
    that ever was
Eliminates incompetence,
    and those who break the laws
Follow the instructions of
    the New Way's Evil Book of Rules
Replacing rights with wrongs,
    the files and records in the schools

[*20] I'm not a fish
I'm a man
Hook in mouth!

*17：シャツの中に手を突っ込む＝下から手を入れるスタイルのマペット。

*18：口が開き言葉がこぼれ出る。

*19：釣り針を引っかけられた魚のように。

*20：でも俺は魚ではないから、PMRCの言いなりにはならない！

HOOK IN MY MOUTH
Words & Music by Dave Mustaine, Lee Hazelwood
© MUSTAINE MUSIC and THEORY MUSIC
Permission granted by EMI Music Publishing Japan Ltd.
Authorized for sale only in Japan

Megadeth
メガデス

冷たく研ぎ澄まされた、知的なスラッシュ!

PROFILE

　メタリカを解雇されたデイヴ・ムステイン(vo & g)が1983年、米ロサンゼルスで結成。デイヴィッド・エレフソン(b)、ジャズの素養もあるクリス・ポーランド(g)とガル・サミュエルソン(d)を迎え、テクニカルなアンサンブルを打ち出した"インテレクチュアル(知的な)・スラッシュ"を標榜し、85年に『Killing Is My Business... And Business Is Good !』を発表。多くのメンバー変遷を経ながらも現在までに15作のスタジオ・アルバム他をリリースしている。

収録アルバム

『So Far, So Good... So What!』

　1988年にリリースされた第3作。テクニカルなインスト「Into The Lungs Of Hell」、セックス・ピストルズのカヴァー「Anarchy In The U.K.」、バラード調の「Mary Jane」などバラエティに富んだ内容で、バンド初のヒット・アルバムとなった。新加入のジェフ・ヤング(g)とチャック・ビーラー(d)は本作発表後に解雇される。

Column

「ペアレンタル・ガイダンス」by 鋼鉄神

　PMRCの「汚らわしい15曲」のうち、HR/HM関連は9曲。面白いのが、HR/HM関連の9曲の問題点が、性やドラッグ、暴力など多岐にわたっているのに対し、ポップス系の6曲は、すべて性関連。一体どんな歌詞が好ましくないとされたのか。まずはHR/HMサイドから見てみよう。

　セックス関連で取り上げられたのが、ジューダス・プリーストの「Eat Me Alive」、AC/DCの「Let Me Put My Love Into You」、W.A.S.P.の「Animal (Fuck Like A Beast)」の3曲。ジューダス・プリーストは、"I'm gonna force you at gunpoint"、つまり「銃を突きつけ無理やりやらせる」というフレーズが、「チ○ポを顔の前に突き出しフェ○を強要する」ことを連想させるとされた。でもまあこれ、正しい解釈でしょうね。何しろロブですから。"at gunpoint"は、「銃で脅して」という決まり文句だ。AC/DCは、「俺の愛を入れさせて」というタイトル、そして"Let me cut your cake with my knife"、つまり「俺のナイフでお前のケーキを切らせて」というのが問題に。これくらいいいじゃないですかね？　W.A.S.P.は別項で取り上げたとおり。まあアウトです。

　続いて、モトリー・クルーの「Bastard」とトゥイスティッド・シスターの「We're Not Gonna Take It」が暴力関連でエントリー。「Bastard」はナイフで人を刺すという内容が問題とされたが、そんなこと言ったら刑事ドラマとかも全部アウトでは？　トゥイスティッド・シスターに至っては、PVに暴力的と取れる表現があっただけ。それも完全にコメディ・タッチのものである。これがダメなら『トムとジェリー』や『ホームアローン』も規制されるべきだろう。ちなみに、この曲のタイトル、「もう我慢しないぞ」

モトリー・クルー
『Shout At The Devil』(83年)
「Bastard」収録

トゥイステッド・シスター
『Stay Hungry』(84年)
「We're Not Gonna Take It」収録

という意味だ。面白いことに、かつては暴力的だと問題視されたこの曲を、トランプ大統領が選挙運動のテーマ・ソングとして使用しているのだ。トランプとトゥイスティッド・シスターのヴォーカリスト、ディー・スナイダーは友人同志。「既存の政治システムへの反逆」のシンボルとして、この曲がふさわしいとされたのである。のちに、トランプの発言には賛同できないものが多いとして、ディーは曲の使用中止を求めることになるのだが。

デフ・レパードの「High 'n' Dry (Saturday Night)」とブラック・サバスの「Trashed」が、ドラッグ・アルコール関連でエントリー。しかし、この2曲も別に目くじらを立てる必要はない気が。デフ・レパードは「土曜日一日中酒を飲んで女を抱く」というだけ。まあ "high and dry" というのは、「見捨てられて」、「欲しいものを与えられずに」という成句である一方、マリファナなどでハイになり、喉がカラカラになっている状態のことも表すのではあるが。ブラック・サバスの方は、イアン・ギランの実体験に基づいたもの。『Born Again』レコーディング中に、ベロベロに酔っぱらって、スタジオのまわりのレーシング・コースを猛スピードで運転。結局、コース内のタイヤに乗り上げて車が引っくり返ってしまったという話。逆さまになった車はプールのギリギリ手前でストップ。もし水没していたら、自分は死んでいただろうとギランは語っている。"Trashed" は、「ベロベロに酔っぱらって」と「(車が)おしゃかになって」のダブル・ミーニング。実にイアン・ギランらしいタイトルのつけ方だ。まあ、酔っぱらって車を運転して良い訳はないが、こんな特殊な状況描写が青少年に悪影響を与えるものですかね。

メタルのお家芸、オカルト・悪魔で名誉の汚らわしき殿堂入りを果たしたのは、ヴェ

デフ・レパード
『High 'n' Dry』(81年)
「High 'n' Dry (Saturday Night)」収録

ブラック・サバス
『Born Again』(83年)
「Trashed」収録

ノムの「Possessed」とマーシフル・フェイトの「Into The Coven」の2曲。何この微妙なチョイス。『Possessed』なんて、駄作中の駄作。アメリカにおける商業的インパクトなんて、ほぼ皆無だっただろう。何でこれを取り上げてスレイヤーをスルーしたのか。一方、当時のマーシフル・フェイトは、ほぼすべての曲がサタニック。その中からなぜ「Into The Coven」をピックアップしたのかが謎。

ポップス・サイドの6曲も、面白いので見ておこう。PMRC発足の原因となったプリンスの「Darling Nikki」が酷すぎるのは、別項の通り。さらに、そのプリンスが曲を提供した、シーナ・イーストンの「Sugar Walls」も相当酷い。"Blood races to your private spots, Come spend the night inside my sugar walls"、つまり「あなたのプライヴェートなスポットに血が集まってくる、私の砂糖の壁の中で一晩過ごして」ということ。「砂糖の壁」って何だよ、という気がしなくもないが、まあアソコに決まってますよね。おそらくは "vaginal walls" =「膣壁」という単語からの連想だろうけど、シーナ・イーストンのは本当に砂糖みたいに甘いのだろうか。

ヴァニティの「"Strap On 'Robbie Baby"」も相当な内容。"strap on"というのは、通常「ペニバン」のこと。「来て私を突いて、しっかりとそれを装着して」と、恋人と大人の玩具で戯れる様子が微笑ましい。ちなみにこの曲も、プリンス関連と言えばプリンス関連。ヴァニティは彼がプロデュースしたヴァニティ6というグループのメンバーで、プリンスとつきあっていたこともある。「ヴァニティ」はもちろん芸名だが、プリンスはもともと「ヴァギナ」という名を考えていたようだ。当然本人に却下されたが。プリンス恐るべし。シンディー・ローパーによる「She Bop」は、"She bop he bop a we bop" なんていう調子で、ポイズンの「Unskinny Bop」を思い出させるが、こちらは女性のオナニーについての歌だ。"they say I better get a chaperon because I can't stop messin' with the danger zone" という一節が面白い。「お目付け役を見つけなさい、大事なトコをイジるのをやめられないんだから」ということ。

残る2曲は正直どうということはない。メリー・ジェーン・ガールズの「In My House」は、「どんなことでもしてあげるから、おうちにいらっしゃい」というだけ。そんなこと言われてみたいですけど。マドンナの「Dress You Up」も、"Gonna dress you up in my love, All over your body"、つまり「私の愛であなたをドレス・アップしてあげる」というだけのこと。マックスにエロく解釈して、「全身愛撫してあげる」程度の内容だ。こうやって見てみると、やはりプリンスが凄い。彼がらみの3曲のパワーの前には、世の中的には堕落の象徴と見られがちなメタルですら、可愛いもののように思えてしまう。

Column

2010年代の社会問題

当然のことだが、社会問題というのは時代によって変わるものだ。核戦争の恐怖というのは冷戦時代を象徴するテーマだったし、チェルノブイリ原発事故（「China Syndrome」／ヴォイヴォド）、テレビ伝導師、PMRCなどは、実に80年代らしいトピックだ。

21世紀特有のテーマとなると、やはりインターネットだろう。ドラゴンフォースのフレデリック・ルクレール（b）、元スリップノットのジョーイ・ジョーディソン（d）が中心となって結成されたスーパースター・デス・メタル・バンド、シンセイナムのセカンド・アルバム『Repulsion For Humanity』（18年）のタイトル曲では、「パソコンなんていうクソみたいなものにどっぷりハマって、何の価値も無い道徳に憑りつかれて、お前のメッセージなんて誰が気に留めるんだ？」と歌われている。ネット上で過剰な正義感を振りかざし、揚げ足取りに腐心する人たちは、世界中に存在しているのだ。

元ナパーム・デス／カテドラルのリー・ドリアン（vo）、そしてリバルションのスコット・カールソン（b）らが在籍するセプティック・タンクのデビュー・アルバム、『Rotting Civilisation』には、「Social Media Whore」なんていう曲が入っている。whore（ホア）というのは売春婦のこと。つまり、SNSで「いいね！」やコメントをもらうためなら、体や心も売る人間のことである。この曲では、「よし、人が死んだ。泣いてるフリをしてる写真をアップしよう。これでたくさん『いいね！』がつく。2人で並んでる写真もアップしちゃおう！」なんていう具合に、現代の病理にメスが入れられている。

シンセイナム
『Repulsion For Humanity』（18年）

セプティック・タンク
『Rotting Civilisation』（18年）

Indians

インディアン

Anthrax
アンスラックス

アメリカ建国の影に埋もれた虐殺の歴史を暴く！

　アメリカ大陸にやってきた白人たちが、ネイティヴ・アメリカンを迫害し、土地を奪っていったことはみなさんご存じだろう。それにしても、その白人たちの行ないは、歴史上まれにみる残虐なものであったと言わざるを得ない。赤ん坊の足を持って振り回し、そのまま頭から岩に叩きつけた。子供を生きたまま犬に食わせた。文面で読むだけでも気分が悪くなる内容だ。ネイティヴ・アメリカン虐殺の様子は絵画という形で数多く残されているので、ネット上を検索すれば見つけることができるだろう。チェロキー族が強制移住のため1,900kmもの道のりを徒歩で移動させられ、道中何千人もの死者を出したことはよく知られているし、後に奴隷解放宣言を行なったリンカーンも、38人のネイティヴ・アメリカンを一気に公開首吊り処刑にするという非道に及んでいる。

　しかし、なぜ彼らはここまで極悪非道な残虐行為に及んだのだろう。キーワードはキリスト教だ。『旧約聖書』の「出エジプト記」（英語では"Exodus"！）は、虐げられていたユダヤ人を連れ、モーセがエジプトから脱出し、神から与えられた「約束の地」を目指す話。この中で、神が「行く手をはばむカナン人を、女性も子供も含め絶滅させよ」と命令を下すエピソードがあるのだ。虐げられたピューリタンが、出イギリスをし、彼らにとって約束の地であるアメリカで、行く手をはばむネイティヴ・アメリカンに遭遇。となると、敬虔なクリスチャンである彼らが、「女性も子供も含め、敵を殲滅することは神からの命令である！」と思い込んでしまっても不思議はない。もちろん残虐行為を行なっていた本人たちが、本当に神の名の下で正しいことをやっていると思っていたのかはわかりようもないが、まあ、そんな大義名分が存在して

いたことは確かなようだ。

　アメリカはニューヨークのスラッシュ・メタル・バンド、アンスラックスは、その名もズバリ「Indians」という曲を書いている。内容を見ていこう。冒頭部分は、ソースによって "see black and white" となっているものと、"see in black and white" となっているものがある。ネイティヴ・アメリカンの血も引くジョーイ・ベラドナ (vo) は "in" と言っているように聴こえるが。"black and white" は、「白か黒かでものを考える」、つまり「ものごとを極端にシンプルに捉えすぎる」という意味。なので、文字通りに取れば、「俺たちはみな、ものごとをシンプルに考えすぎて、他人の争いには誰も関わろうとしない」ということになる。だが、これはインディアン＝ネイティヴ・アメリカンについての歌だ。となると、ここは「黒人と白人の問題ばかり気にして、それ以外の人種のこととなると、誰も関わろうとしない」という含みを持たせていると考えるべきだろう。黒人、白人に対し、ネイティヴ・アメリカンは "red"。ワシントン・レッドスキンズなんていうアメフト・チームもいるが、基本的にレッドスキンというのは蔑称なので要注意だ。"apathy" とは無関心のこと。誰も関心を持たなければ問題は解決しない。

　"they can't fight it" というのは、「どうすることもできない」の意。強制移住させられ ("forced out")、土地を奪われ ("stolen lands") ても、ネイティヴ・アメリカンには為す術がなかったのだ。"reservation" というのは、普通は「予約」という意味だが、ここでは「インディアン居留地」のこと。もともと白人が土地を開拓する中で、「ここはインディアンの土地として"リザーヴ"した」場所だ。居留地は現在も存在しており、その多くは失業、貧困という問題を抱えている。"On reservations, A hopeless situation" とは、そういうことだ。"second class citizen" というのは、社会的な差別を受けている市民のこと。少

数民族の含みが強い言葉だ。

"Territory, it's just the body of the nation"の部分は、"nation"があまりに多くの意味を持ちすぎているせいもあり、多少わかりにくい。「テリトリーというのは国家の体」でしかなく、「そこに住む人々によって国は構成される」、つまり人こそ国の魂だということだろう。"Flag of many colors"というのは、異なった人種、肌の色の違う人々が、一つの旗のもと連帯するイメージだ。

これが名曲であることに疑いはないが、歌詞の方は、例えばメタリカほどの深みがあるかというと、少々疑問。アンスラックスはイーヴルなバンドではないし、かと言って社会派のバンドとも言えない。若者の不満、精神病院、ホラー映画、コミック。彼らが取り上げたテーマは多岐にわたっているが、やはりアンスラックスはユーモラスなバンドだというのが大方の見方ではないか。そんな中、「Indians」は、彼らが初めて具体的な社会問題を真正面から取り上げた曲。これを収録したサード・アルバム『Among The Living』のリリースは87年。となると、彼らもまた『Master Of Puppets』の成功を意識せざるをえなかったと考えるべきなのかもしれない。

ネイティヴ・アメリカンの肖像が刻まれたコインをモチーフにした、「Indians」のシングル・ジャケット。

Indians

Words & Music by Joseph Bellardini, Frank Bello, Charlie Benate, Scott Rosenfeld and Daniel Spitz

We all see*¹ black and white
When it comes to someone else's fight
No one ever gets involved
Apathy can never solve

FORCED OUT - Brave and mighty
STOLEN LAND - They can't fight it*²
HOLD ON*³ - To pride and tradition
Even though they know how much
   their lives are really missin'
WE'RE DISSIN' THEM ...

On reservation*⁴
A hopeless situation

Respect is something that you earn
Our Indian brother's getting*⁵ burned
Original American
Turned into,*⁶ second class citizen*⁷

repeat ✶★

Cry for the Indians
Die for the Indians
Cry for the Indians
Cry, Cry, Cry for the Indians

*1: ジョーイは "see in black and white" と歌っているようだ。in black and white = 白か黒かでものを見る、という言い回しと、白人、黒人のダブルミーニング。

*2: can't fight it = 為す術がない。

*3: hold on to ~ = ~を持ち続ける。

*4: reservation = ネイティヴ・アメリカン居留地。

*5: get+ 過去分詞で受け身。

*6: turn into~ = ~ に変える。
*7: second class citizen = 二流市民。

Love the land and fellow man
Peace is what we strive to have
Some folks have none of this
Hatred and prejudice

*8: strive to~=一生懸命〜しようとする。

*9: 愛も平和もないやつらがいるのだ。

repeat ＊★◆

[MOSH PART]
[WARDANCE]

TERRITORY, It's just the body of the nation
The people that inhabit it make its configuration
PREJUDICE, Something we all can do without
Cause a flag of many colors is what this land's all about

*10: 領土は体。そこに住む人々こそが魂。

*11: flag of many colors＝さまざまな人種の連帯を象徴。

[LEAD BREAK]

repeat FIRST VERSE
repeat ＊★◆

INDIANS
Words & Music by Joseph Bellardini, Frank Bello, Charlie Benate, Scott Rosenfeld and Daniel Spitz
Copyright © by UNIVERSAL MUSIC Z TUNES LLC
All Rights Reserved. International Copyright Secured.
Print rights for Japan controlled by Shinko Music Entertainment Co., Ltd.

Anthrax
アンスラックス

ボーダーレスなモッシュ・マスター!

PROFILE

スラッシュ・メタル四天王、"BIG 4"のうち、唯一東海岸のニューヨークを拠点とし、1981年にスコット・イアン（g）とダン・リルカ（b）を中心に結成。ニール・タービン（vo）、ダン・スピッツ（g）、チャーリー・ベナンテ（d）が加わり、84年に『Fistful Of Metal』でデビューする。その後、フランク・ベロ（b）、ジョーイ・ベラドナ（vo）へとメンバー交代があり、頭角を現す。ヒップホップとの融合にも積極的で、ヘヴィメタルの枠に捕らわれない活動が魅力。

収録アルバム

『Among The Living』

1987年リリースの第3作。現在も重要なライヴ・レパートリーとなっているモッシュ・ソング「Caught In A Mosh」、人気漫画『ジャッジ・ドレッド』をモチーフにした「I Am the Law」、スコットとチャーリーの別プロジェクトであるS.O.D.の曲をリメイクした「Imitation Of Life」などを収録し、ブレイクのきっかけにもなった

Column

ルーツ・ブラッディ・ルーツ

ネイティヴ・アメリカンの問題となると、テスタメントに触れないわけにはいかない。アンスラックスのジョーイ・ベラドナと同様、ヴォーカリストのチャック・ビリーがネイティヴ・アメリカンの血を引いているのだ。94年のアルバム『Low』には、「Trail Of Tears」(=「涙の道」) という曲が収録されている。「涙の道」とは、チェロキー族の強制移住のこと。「母と子は手をつなぎ、雪の中、砂漠の中を行く」という一節もあるが、全体的にはネイティヴ・アメリカンとしての誇りが、この曲のテーマである。『The Gathering』(99年) 収録の「Allegiance」や、『Dark Roots Of Earth』(12年) 収録の「Native Blood」でも、同様の内容が扱われている。

その他、スウェーデンのヨーロッパによる「Cherokee」(『The Final Countdown』収録:86年) や、アイアン・メイデンの「Run To The Hills」(『The Number Of The Beast』収録:82年) なども、ネイティヴ・アメリカンを扱った曲としてよく知られている。前者ではタイトル通り、「チェロキー、涙の道を進む」と、強制移住の悲劇が綴られている。後者は、ネイティヴ・アメリカン→白人→第3者と、視点が移っていく凝った作りの歌詞が面白い。

テスタメント
『Low』(94年)
「Trail Of Tears」収録

ヨーロッパ
『The Final Countdown』(86年)
「Cherokee」収録

アイアン・メイデン
『The Number Of The Beast』(82年)
「Run To The Hills」収録

Rio Grande Blood

リオ・グランデ・ブラッド

Ministry
ミニストリー

政治の腐敗を糾弾する
怒濤のインダストリアル・メタル！

　アメリカ人は、政治に関する議論が大好きだ。4年に1度の大統領選挙なんて、ほとんどお祭り騒ぎ。あんな熱気を味わうことは、ここ日本では難しいだろう。物凄く簡単に、大統領選の概略を説明しておこう。アメリカの大統領選挙では、まず共和党と民主党がそれぞれ大統領候補を選出（もちろんアメリカでもこれ以外の党を興しても構わない。だが、アメリカでは仕組み上小さな政党が選挙に勝つのが非常に難しく、実質この2つからしか大統領は出ない）。国民は直接どちらを大統領にするのかの投票をするわけではなく、「大統領選挙人」という人たちに評を入れる。だが、この「大統領選挙人」たちは、自分たちがどの大統領候補を支持するかを明言しているため、気分としては国民たちも直接大統領を選んでいるようなものであり、そこからあの熱気も生まれてくるのである。

　では、共和党と民主党とは何なのか。2つの党の政策は、それなりに異なる。大きな政府、小さな政府など、いろいろ言われているが、誤解を承知で極論すれば、共和党はお金持ちを優遇し、民主党はお金のない人たちを手厚く保護しているように見える（少なくともそう感じる人が一定数いる）。「おいおい、お金持ちを優遇するなんて、政策でもなんでもないじゃないかよ」と思う人もいるだろう。だが、少なくとも理論上は、例えば大企業を優遇すれば、そこから雇用が生まれ、回り回ってお金のない人たちにもメリットがあるはず、と考えることができる。お金持ちの税金を減らせば、彼らがさらに大量の買い物をして、経済は良くなるかもしれない。

　一方、民主党系の、お金のない人たちを手厚く保護する政策につ

いても、文句を言う人間はいる。日本でも生活保護がやり玉にあげられるのを、目にしたことがあるだろう。確かに、どちらの思想も局所的に見れば、一部の人を優遇しているように見える。しかし大きな目でみれば、それらは社会全体に有益である「はず」ということなのだ。ただ、経済学は理科の実験のようにはっきりした答えが出ない。どちらの政策が、より社会全体に良い影響をもたらすのかは、結局ははっきりわからない。だから、どうしても思想的な対決になってしまうのだ。

で、ロックやメタルの視点から見た場合、やはり攻撃の的となるのは「お金持ち優遇」な共和党。それは、ここ最近の大統領リストを見てみれば明白。レーガン、ブッシュ親子、トランプ。ロックのジャケットや歌詞を賑わせるのは、いつでも共和党の大統領だ。反クリントンや反オバマを掲げたバンドというのは、あまり見たことがないはず。

共和党大統領攻撃の最右翼といえば、アメリカのインダストリアル・メタル・バンド、ミニストリーだろう。『ΚΕΦΑΛΗΞΘ（Psalm 69: The Way To Succeed And The Way To Suck Eggs／邦題：詩編69』（92年）では親父の方のブッシュをターゲットにし、さらにその後、『Houses Of The Molé』（04年）、『Rio Grande Blood』（06年）、『The Last Sucker』（07年）と、わざわざ3部作にして息子も攻撃するほどの念の入れよう。ここではその3部作の2作目、『Rio Grande Blood』のタイトル曲を取り上げる。

このタイトルは、ZZトップのアルバム『Rio Grande Mud』へのオマージュ。リオ・グランデというのは、テキサスのメキシコ国境部を流れる川のことだ（ちなみにテキサスは、もともとメキシコのものだったが、アメリカが奪ったのだ）。テキサスは、このアルバムのキーワード。ZZトップもテキサスのバンドだが、ミニストリーもテキサスにスタジオを建設、そこでアルバムのレコーディングを行なっている。そしてブッシュ

Jr. は、第46代のテキサス州知事だ！

　冒頭の「私は洗練されたテロリスト戦術を採り入れた、そして私は危険な、危険な兵器を手にした危険な、危険な男である」という大統領からのメッセージは、実際のブッシュ Jr. の演説を切り貼りして作られたもの。"I make a profit off people oppressed" は、「私は虐げられた人々から金を搾り取っているんだ」という、実にわかりやすいアンチ共和党的見方だ。あまり学校では習わないが、"off" は "from" と同じように「〜から」という意味にもなる。"Yippie Aye Yay" というのは、カウボーイがやる歓喜の叫び。カウボーイ＝テキサスというイメージは、よくわかるはず。テキサスに関係の深いブッシュ Jr. がハシャいでいる様子を揶揄しているのだ。"I want crude oil" は「私は原油が欲しい」ということ。英語的には問題ないと思うが、背景の説明が必要だろう。まず、ブッシュ政権が、石油業界と深い関係にあったことは間違いない。ブッシュ Jr. 自身がアルブスト・エネルギー（arbustoとは、スペイン語で「茂み」、つまり "bush" だ）という石油掘削会社を設立しているし、チェイニー副大統領は元ハリバートン社の CEO で、ライス大統領補佐官はシェブロンの役員であった。ハリバートン、シェブロン、いずれも超大手の石油関連企業である。

　03年、ブッシュ Jr. はイラク戦争に踏み切った。「イラクが大量破壊兵器を保有しているから」というのがその理由だったが、結局そんなものは見つからなかった。となると、なぜ戦争など起こす必要があったのか。中東で戦争が起これば、原油の価格は高騰する。原油の価格が高騰すれば、普通の企業は打撃を受ける。儲かるのは石油会社だけだ。2コーラス目に出て来る "I can't remember the world such a mess, Not for the companies I like the best" というのは、「ここまで世界が滅茶苦茶になった記憶はないな、でも私が一番好きな会社た

ちは安泰」ということ。で、私が一番好きな会社たちというのは、エクソン、コノコといった、いずれもテキサスが本拠地の石油会社。つまりミニストリーは、イラク戦争の動機は石油利権だと見ているのだ。「国外の石油が必要だから戦争を始めたのさ」と名指しで批判されているのが、先ほど挙げたハリバートン社。テキサスに本拠を置くハリバートンは、イラク戦争の際には復興事業に参加し、大きな利益を上げている。そして3番では「私の大っ嫌いな労働者階級から搾り取り、貧乏人に課税すれば富裕層は投資ができる」と、あらためて共和党の政策を皮肉っている。

　その後、民主党のオバマが大統領を務めていた8年間は大人しかったミニストリー。だが、共和党のトランプが大統領に就任すると、攻撃を再開。18年にリリースされた『AmeriKKKant』では、「まるで1939年のナチス」と新政権を批判している。心底共和党が嫌いなんですねー。

ブッシュJr.批判三部作のトリを飾る『The Last Sucker』(07年)。

トランプ大統領を批判した『AmeriKKKant』(18年)。

Rio Grande Blood

Words & Music by Al Jourgensen

*1
And now a message from the President of the United States George W. Bush

*2 *3
I've adopted sophisticated terrorist tactics
*4
And I'm a dangerous, dangerous man
With dangerous, dangerous weapons
*5
I want to drain the coal resources
   in America
*6
And foreign sources of crude oil.
*7
I'm a weapon of mass destruction
*8
And I'm a brutal dictator
And I'm evil

[Verse 1]
*9
I've got something that I must confess
*10
I make a profit off people oppressed
I take the money 'til there's nothing left
*11
And all I gotta say is Yippie Aye Yay

[Chorus]
Rio Grande Blood

I want money
*12
I want yer money
I want crude oil
It's the government's money
*13
I'm an asshole

*1：アナウンサーによる告知。

*2：[Verse]と[Chorus]以外の部分は、ブッシュJr.の演説を切り貼りして作られたサンプリング・パート。

*3：私は洗練されたテロリスト戦術を採り入れた。

*4：私は危険人物！

*5：drain＝抜き取って空にする、使い果たす。
*6：crude oil＝原油。
*7：weapon of mass destruction＝大量破壊兵器。
*8：dictator＝独裁者。

*9：confess＝告白する。

*10：off＝〜から。

*11：Yippie Aye Yay＝カウボーイの歓喜の叫び声。

*12：Yer＝your。

*13：私はクソ野郎。

[Verse 2]

I can't remember the world such a mess
[14]
Not for the companies I like the best
[15]
Exxon and Conoco - fuck all the rest
[16]
And all I gotta say is Yippie Aye Yay

[Chorus]

Rio Grande Blood

[17]
I want money
[18]
I want yer money
[19]
I want crude oil

It's the government's money

[20]
We went to war because of our dependence on foreign oil Haliburton[21]
We went to war because of money[22]
Haliburton
We will settle[23] for nothing less than victory, victory
Haliburton
We will settle for nothing less than crude oil -crude oil

*14：世界が滅茶苦茶になっても私の大好きな会社は安泰。

*15：どちらもテキサスの石油関連会社。

*16：gotta=got to、all I gotta say is ～ = 言いたいことは～だけ。

*17：お金が欲しい！

*18：お前たちのお金が欲しい！

*19：原油が欲しい！

*20：go to war＝戦争を始める。

*21：ハリバートン社。

*22：金のために戦争を始めたんだ。

*23：settle for～ = ～で手を打つ、ここでは戦争に勝ち、原油を手に入れる以外の結果は受け入れないということ。

[Verse 3]
Squeezing the working class whom
 I detest
Taxing the poor so the rich can invest
I know I'm an asshole, but aren't you
 impressed
And all I gotta say is Yippie Aye Yay

[Chorus]
Rio Grande Blood

Rio Grande Blood
Rio Grande Blood
I want crude oil
Rio Grande Blood
I want money
Rio Grande Blood

*24: squeeze= 搾取する。

*25: detest= ひどく嫌う。

*26: tax= 課税する。

＊歌詞は非公開の為、聴き取りを元にしました。

RIO GRANDE BLOOD
Words & Music by Al Jourgensen
© Copyright by Bike Music
The rights for Japan licensed to Sony Music Publishing(Japan) Inc.

Ministry
ミニストリー

無機質かつ直情的なインダストリアル・メタル!

PROFILE

　1981年、アル・ジュールゲンセン（vo & g、key、etc.）を中心に米シカゴで結成。サンプラーを駆使したインダストリアル・サウンドとスラッシュ・メタル的ギター&ドラムを組み合わせたインダストリアル・メタルを打ち出し、88年の『The Land of Rape and Honey』や、"踊れるメタル"として人気を呼んだ「Burning Inside」を収録した89年の『The Mind Is a Terrible Thing to Taste』でメタル・ファンの認知も得る。現在はライヴ中心に活動中。

収録アルバム

『Rio Grande Blood』

　2004年発表の『Houses Of The Molé』から始まり、07年の『The Last Sucker』まで続くアンチ・ブッシュ大統領三部作の二作目で、06年リリース。今まで以上に怒りを前面に押し出した激烈なインダストリアル・スラッシュ・メタルで、「Ass Clown」にはデッド・ケネディーズのジェロ・ビアフラ（vo）も参加している。

Column

鉄の女 vs 鋼鉄の処女

　アメリカのレーガン大統領、イギリスのサッチャー首相。80年代は、新自由主義が吹き荒れた時代だった。新自由主義というのは、簡単に言ってしまえば、政府は経済活動には介入せず、みんなが自由に競争すればいいという考え方。「経済活動に介入」には、例えばお金に困っている人に生活保護を支給したり、なんていうことも含まれる。そういうことをなるべく止めていこうという思想であったから、レーガンやサッチャーは、ロック・バンドからさんざん目の敵にされてきた。

　アメリカのクロスオーヴァー・スラッシュ・バンド、D.R.I.は「レーガノミクスに俺もお前も殺される」と歌っている。最近「アベノミクス」なんていう言葉をよく耳にするが、元ネタはレーガノミクスだ。レーガンは貧困層向けの食糧配給券や学校給食の予算を減らす一方、国防費を大幅に増やした。今でもアメリカに、アイアン・レーガンなんていうバンドがいる。「レーガンってつくと邪悪な感じがするから」というのが、その名にした理由だというから、21世紀になった現在も、「レーガン＝悪い大統領」というイメージを持っている人は少なくないのだろう。

　レーガンというと、ロックの敵という印象が強いが、中には例外もあった。80年代のニューヨーク・ハードコア・シーンには、意外や意外、レーガンや共和党の政策に好意的なバンドも少なくなかったのである。マーフィーズ・ロウのデビュー・アルバムに収録されている「California Pipeline」は、「俺はレーガンを愛してる、彼の映画も大好き、俺は共和党支持、アメリカ最高！」という、あまりにもストレートな内容。この曲については皮肉であるという説もあるが、当時のニューヨーク・シーンの右寄り具合を見ていると、本気の可能性も高い。

D.R.I.
『Dealing With It!』(85年)
「Reagonomics」収録

マーフィーズ・ロウ
『Murphy's Law』(86年)
「California Pipeline」収録

大きな物議を醸したのが、アグノスティック・フロントの「Public Assistance」だ。クロスオーヴァーの名盤として名高い彼らのセカンド・アルバム『Cause For Alarm』収録のこの曲では、「食糧配給券を金に換え酒を飲みやがる、政府は俺の稼ぎの半分を持って行く、だからお前らは働きもせず暮らせる」と、"Public Assistance"、すなわち生活保護が槍玉にあげられている。アグノスティック・フロント自身は、「あくまで生活保護の不正受給を非難しているだけだ」としているが、実はこれを書いたのは、ピーター・スティール。そう、のちにタイプ・オー・ネガティヴで大成功するあのピーターだ。彼は当時カーニヴォアというスラッシュ・メタル・バンドをやっており、そこでも「アメリカが気に入らないなら、荷物をまとめて出て行け、奴らを陰嚢で吊るしてやれ、テロを終わりにしよう」(「U.S.A. For U.S.A.」『Retaliation』収録)なんて歌っている始末。

　さらに、タイプ・オー・ネガティヴを始めてからも、相変わらず「生活保護をもらってる奴ら、仕事を見つけたらどうだ？　社会に寄生して生きる気分はどうだ？」なんていう調子。この曲のタイトルは「Der Untermensch」(『Slow, Deep And Hard』収録)。ドイツ語で「劣等人種」という意味であり、ナチスが非アーリア人に対して用いた言葉だ。ここまで来ると、もはやレーガンがどうのという話ではないが。

アグノスティック・フロント
『Cause For Alarm』(86年)
「Public Assistance」収録

タイプ・オー・ネガティヴ
『Slow, Deep And Hard』(91年)
「Der Untermensch」収録

一方、イギリス側の主役、マーガレット・サッチャーが13年に87歳で亡くなると、突如『オズの魔法使い』の挿入歌である「Ding Dong The Witch Is Dead」が、イギリスの各種音楽ダウンロード・チャートの上位に躍り出た。チャートの上位に入れば、BBCの『サンデーズ・オフィシャル・チャート・ショウ』というラジオ番組で曲が放送される。つまり、「邪悪な魔女（＝サッチャー）は死んだ！」と、国営のラジオで流すことができるということ。サッチャーが大嫌いだった人達が、こぞってこの曲のダウンロード購入を呼びかけたのだ。結局BBCは、「遺族感情に配慮」し、曲の冒頭5秒強だけをプレイしたようだ。わずか5秒とはいえ、曲をかけたというのは実にBBCらしい。教育予算削減のために、学校給食の牛乳を廃止したサッチャーは、ミルク・スナッチャー（牛乳の強奪者、スナッチャーがサッチャーと韻を踏んでいる）と呼ばれるなど、彼女を敵視するイギリス国民も少なくなかったのである。

　メタルの世界では、アイアン・メイデンが、「Sanctuary」のシングルのジャケットで、エディに襲われ死んでいるサッチャーを描いたことがよく知られている（もっとも、次の「Women In Uniform」では、サッチャーが逆襲しようとしているが）。

アイアン・メイデン
「Sanctuary」(80年)

アイアン・メイデン
「Women In Uniform」(80年)

Part 4

死屍
累々！

Death！ Dead！ Die！ 怒りと超暴力とヘヴィメタルだけがオレの生きがい Death！ 身体の奥底から沸き上がる、衝動と死と自己嫌悪から成る1/3の純粋な感情！

Microwaved Uterogestation 172
電子妊娠料理
by カーカス

Hammer Smashed Face — 180
ハンマー・スマッシュト・フェイス
by カンニバル・コープス

Suicidal Failure ——— 191
スイサイダル・フェイラー
by スイサイダル・テンデンシーズ

I Lit Your Baby On Fire — 202
カモン、ベイビー!燃えてるゼ
by アナル・カント

Mouth For War ——— 208
マウス・フォー・ウォー
by パンテラ

Microwaved Uterogestation

電子妊娠料理

Carcass
カーカス

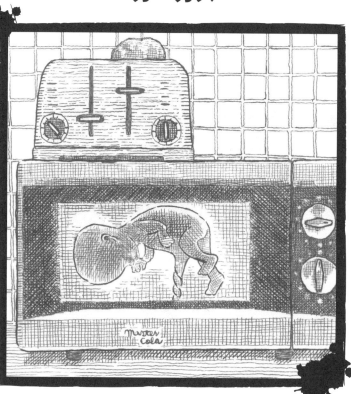

辞書を引いても意味不明
解読不能の難解歌詞

　カーカスが提示した世界観は、まったく新しいものだった。彼らは80年代後半、イギリスで大きなムーヴメントとなりつつあったグラインドコアのシーンから登場したバンド。グラインドコアは、音楽的にはデス・メタルやスラッシュ・メタルからも影響を受けていたが、思想は完全にパンク側だったと言える。それは、当時カーカスのメンバーが掛け持ちしていたバンドを見ればよくわかる。ビル・スティアがギターを弾いていたナパーム・デス。ジェフ・ウォーカーがヴォーカルを務めていたエレクトロ・ヒッピーズ。いずれも反体制、反戦、動物愛護など、社会問題をそのテーマとしていたバンドたちだ。

　だが、カーカスは違った。そもそも「カーカス」というのは「死体」という意味。彼らのデビュー・アルバム『Reek Of Putrefaction』を見たときの衝撃は、今も忘れることができない。この作品がリリースされた88年当時は、まだLPが当たり前。その大きなジャケットいっぱいにコラージュされたおびただしい数の死体。そういうものにそれなりに耐性があると思っていた私も、さすがに買うのを躊躇せざるをえなかった。もちろん、それ以前にも死体がジャケットに使われることはあった。しかし、ディスチャージの『Why』しかり、それらは普通、戦争や虐殺の犠牲者などであり、強いメッセージ性を持つものだった。一方、カーカスのそれは、医学書から抜粋された、ただただグロテスクでしかないもの。まあ、彼らがヴェジタリアンであったことを考えれば、そこにはそれなりの意図もあったのだろうが、少なくともそのメッセージを読み取るのは不可能であった。ちなみに、私が買ったLPは、死体の男性器部分がスミで黒塗りになっていた。こんなグロテスクなLP

のジャケットに、1枚1枚墨塗りの作業を施さなければならなかった税関の職員の方々の気持ちを思うと、何だか申し訳ない気持ちになったものである。そしてまた、死体であってもチ○ポは見せちゃいけないんだなあ、と妙に納得したものだ。

　そんなカーカスのデビュー作。日本盤には「発酵したはらわた」、「粘液膿性排出物」、「イボイボ尿道声明」などといった一見めちゃくちゃとも思える邦題がつけられていたが、これらはほとんど原題をそのまま日本語にしたもの。ここで紹介する「Microwaved Uterogestation」には、「電子妊娠料理」という邦題が充てられていた。では、内容を見ていこう。他のバンドと異なり、初期カーカスの場合、内容の解釈がどうのではなく、ただただ辞書との格闘になる。で、辞書を引いて意味がわかればラッキー。そんなレベルの単語が頻出する。まずタイトル。"microwave" は「マイクロ波」のことだが、動詞で使うと通常「電子レンジで調理する」という意味にもなる。"uterogestation" は辞書によれば、「子宮内妊娠」とのことだから、これはやはり「電子妊娠料理」みたいなことなのだろう。

　"Fomentatious perflation hydrogenates your foetal cisterna" という最初の一行から、見たこともないような単語の羅列で眩暈がしてくる。"fomentatious" の意味を調べようとネット検索しても、トップに出て来るのはこの曲なんていう始末。この単語、どうやら「望まない結果を引き起こす」というような意味のようだ。"perflation" は「風を送り込むこと」、"hydrogenate" は「水素を加え化学反応を起こす」、"foetal" は「胎児の」、"cisterna" は「嚢」ということらしい。続いて「凝固する血液」（"coagulating haemorrhage"）、そして「お前の生まれつきの脱腸」（"your congenital hernia"）と、翻訳を放棄したくなるような文が続いていくが、「胎児の嚢に風を送り込み水素で化学反応を起こす」

というのは、おそらくは電子レンジで胎児を調理しているシーンっぽい気はする。「嚢」って何なのかよくわかりませんが。

"Dehydrated soup"は、「水分を抜いて乾燥したスープ」。"hygroma"は「嚢水腫」と、日本語になっても素人には意味不明。"Pectified"は、カーカスによる造語だとする説もあるが、おそらく「ペクチン化された」という意味であろう。ペクチンというのは、植物に含まれる多糖類。要は"pectified sludge"で、何かベトベトになった汚らしいもののこと思えば良いようだ。「嚢水腫」が"crumble"＝「崩れ」、ベトベトの液体が出てきたのだろう。そしてそれは、ジメジメして（"dank"）いて、ツンとした（"acri"）香り（"aroma"）を持っている。

"Your molten foetus is reconstituted by warm, molten enzymes"は、そのまま訳せば「お前の溶解した胎児は温かい溶解した酵素で元に戻る」ということ。"reconstitute"には、「乾燥食品に水を加えて元に戻す」という意味があるので、先ほど出てきた「胎児の乾燥スープ」が、「嚢水腫」の液体でスープに戻るということなのだろう。"churn"というのは「掻き回す」、「泡立つ」という単語だが、"My stomach is churning."というと、「胃がムカムカする」という決まり文句になる。だが、この後を読んで行くと、ここでは文字通り「泡立つ」の意味で使われていることがわかってくる。"heat effervescing your succus"は「お前の体液を沸騰させる熱」ということ。つまり"Your stomach is churning"というのは、「お前の胃（液）が沸騰して泡立っている」という意味なのだ！　で、シメは"Your insides cooking, steaming and hot"＝「お前の体内クッキング、湯気を立ててアツアツ」ということなので、どんな状況なのかまったく想像できないが、結局「電子妊娠料理」ということなのでしょうね。

Microwaved Uterogestation

Words & Music by Owen Kenneth Malcolm, Steer William Geoffrey, Walker Jeffrey

*¹
Fomentatious perflation hydrogenates
　your foetal cisterna
Coagulating haemorrhage and your
　congenital hernia

＊1：第1段落、意味のわかる単語が your と and しかない！！

Dehydrated soup - crumbling hygroma*²
Pectified sludge - dank, acrid aroma

＊2：辞書と格闘するしかない。しかし辞書を引いたところで、出て来る日本語は「嚢水腫」なんていう調子。

*³
Clotting uteral mucus, dissipating your
　foetus
Melting your uterus and evaporation
　your cyesis

＊3：ここでも普通の単語はほぼ your と and のみ！

Your molten foetus is reconstituted*⁴ by warm,
　molten enzymes
Slowly digested in microwaved*⁵ slime
Your stomach*⁶ is churning, heat effervescing
　your succus
Your innards running like hot, sticky mucus

＊4：reconstitute＝乾燥食品に水を加えて戻す。

＊5：microwave＝レンジでチンする。

＊6：stomach is churning＝普通なら、胃がむかむかするという意味なのだが。

*⁷
Mangled uterogestation, your perimetrium
　clots
Your insides cooking, steaming and hot

＊7：ここに出てくる単語は、覚えても日常使い道がない気が……。

MICROWAVED UTEROGESTATION
Words & Music by Owen Kenneth Malcolm, Steer William Geoffrey, Walker Jeffrey
© Copyright by EARACHE SONGS
Rights for Japan controlled by Victor Music Arts, Inc.

Carcass
カーカス

ゴアまみれなリヴァプールの残虐王!

PROFILE

　1986年、ビル・スティアー（g）が英リヴァプールで結成したバンドに、ジェフ・ウォーカー（vo & b）とケン・オーウェン（d）が合流。カーカスと改名し、音楽性もハードコア・パンクからグラインドコアに変化する。『Reek Of Putrefaction（腐乱屍臭）』（88年）でのデビュー後はデス・メタル色が強くなり、90年にマイケル・アモット（g）が加入。93年の『Heartwork』ではメロディック・デスを完成させる。96年に解散するものの、07年に再結成を果たす。

収録アルバム

Reek Of Putrefaction（腐乱屍臭）

　1988年にリリースされたデビュー・アルバム。「蛆の巣」「腐敗（ドロドロシテル）」「イボイボ尿道声明」「粘液膿性排出物」といった収録曲の邦題でも話題になったが、ほぼ直訳だ。全22曲で40分を切るグラインドコアであり、ひたすらノイジーにがなり立て唸るが、リフなどはデス・メタルに近いアプローチと言える。

Special Interview
ジェフ・ウォーカー（カーカス）

" 俺たちの歌詞はもっと「現実」に根差しているというか、
少なくとも根差そうとしているものだったよ "

　正直に言って、シンプルな言葉が用いられていたとしても、何を歌って（唸って）いるのかまったくわからないカーカス。とはいえ、せめて理解しようと歌詞カードを見たところで、さらに意味がわからない。医学用語などを散りばめるという独特のスタイルの発端について、そこに込められた考えについてジェフ・ウォーカーに直撃してみよう。

――歌詞に専門的な医学用語を使おうと思ったきっかけは何だったのですか?
ジェフ・ウォーカー：偶然そうなったんだよ。ケン（・オーウェン：d）やビル（・スティアー：g）が書いていた歌詞の延長みたいな感じでね。俺も歌詞を書くようになって、もうちょっと賢そうに聞こえるものを書いてみようと思ったんだ。ちょうど姉が看護婦の見習いをやっていたから、彼女の医学用語辞典を参考に使ってみた。そうすれば、歌詞がもうちょっと大人っぽく、もっと「科学的」になるんじゃないかと思って。
――カーカス以前に、医学用語を使ったり、死体をコンセプトにしているバンドはいたのでしょうか。
ジェフ：うーん、俺たちは音楽的にはリパルションやデス、マスターなどから影響を受けていた。だけど、彼らの歌詞は、もっとマンガや映画、ホラーなんかをベースにしていたよね。でも、俺たちのはもっと「現実」に根差しているというか、少なくとも根差そうとしているものだったよ。
――歌詞、アルバムのアートワーク、バンド名と、初期のカーカスは徹底的に「死体」のイメージを使っていました。これはあなたたちがヴェジタリアンであるということと関係しているのでしょうか。「みんなが食用にしている動物の肉と人間の肉に何か違いはあるのか」というメッセージがあったのですか。それとも単に衝撃的なことをやってやろうというだけだったのでしょうか。
ジェフ：十代特有の、ひとりよがりな独善的な部分があったのは間違いない。「死んだ動物の肉は食ってるくせに、このジャケットが気持ち悪いってどういうことだよ?」みたいね。ファースト・アルバムは、あまりにエクストリームすぎる、あるいはあまりに

節度を欠きすぎていて「発禁」になるようなもの、というコンセプトで作られたんだ。もちろん俺たちは、あれが節度を欠いているとも思っていなかったし、それについて議論する用意もあったのだけどね。

——バンド名や歌詞、死体をコラージュしたアートワークといったアイディアは、どのような順番で出てきたのですか。バンドを結成するにあたり、「死体」というコンセプトが一気に決まったのでしょうか。

ジェフ：バンド名が最初だよ。85年くらいにはもうバンド名は存在していた。俺が加入したのは、ビルが再び「カーカス」という名前を使い始めた頃さ。俺が入って、それからドラムがケンに変わったんだ。で、ケンが歌詞を書き始めて、それで俺たちでその歌詞や音楽スタイルに合うイメージを考えていった。ビルとケンが図書館から医学書の写真を何枚か盗んできてさ。それでファースト・アルバムのジャケットのコラージュを作ったんだ。ファースト・デモのカヴァーも、ビルが本から見つけてきた写真だよ。

——当時のグラインドコアは、反戦、動物愛護などを扱うバンドが多かったと思うのですが、カーカスに対する彼らの反応はどうだったのでしょう。

ジェフ：うーん、俺としては当時グラインドコアのバンドだと思っていたのは、ナパーム・デスだけだよ。俺はカーカスも、リパルションやテロライザーもグラインドコアだとは考えてなかった。ナパーム・デスのメンバーは、カーカスがやっていることの「ファン」で、「もっとやれ！」なんていう感じだったね。

——あのようなアートワークにクレームがついたりはしなかったのですか？

ジェフ：なかったと思う。いくつかの団体で取り上げられたことはあったようだし、何年かあとに、オーストラリアの議会で取り上げられたらしいけど……。それからイヤーエイク・レコーズのオフィスへの手入れはあったみたい。まあ結局俺たちのアートは、当局からは不適切だとは思われるほどではなかったようだ。

——ファースト・アルバムの中でお気に入りの歌詞はありますか？

ジェフ：アルバムを引っ張り出して、歌詞を読み直してみないと答えられないな。パッと思いつくところだと、「Vomited Anal Tract」かな。最高にくだらないだろ！

——あれだけ医学用語が頻出する歌詞だと、覚えるのが大変ではないですか？

ジェフ：いや、若いころは覚えられるものだよ。今は"筋肉記憶"みたいになっているから忘れないし。それに、最近はファーストの曲は1曲しかやっていないからね。

Hammer Smashed Face

ハンマー・スマッシュト・フェイス

Cannibal Corpse
カンニバル・コープス

グロ&グロウルが描き出す
悪魔もドン引く日常的な暴虐性

　ヘヴィメタル、中でもエクストリーム・メタルの世界において、暴力的な歌詞が好まれてきた傾向があったのは事実だ。ヴェノムは「生贄の胸に剣を刺せ！」なんて歌っていたし、あのエクソダスですら、ナイフと韻を踏むために「お前のワイフをレイプして殺してやる」なんていう調子だった。もちろん、日常生活で「お前の胸に剣を刺してやる」なんて発言しようものなら、即警察沙汰だろうが、まあなんというかエクストリーム・メタルの世界においては、暴力的な内容も、所詮はファンタジーでしかなかったということだ。つまりはホラー映画と同じく、非日常の恐怖みたいなものだったのだ。何しろ凶器が剣だし。

　だが、状況を一変させたのが、アメリカのデス・メタル・バンド、カンニバル・コープスである。88年に結成し、わずか2年後の90年には名門メタル・ブレイドからアルバム・デビューを果たした彼らだが、その登場はあらゆる意味で衝撃的であった。この時点でデスやオビチュアリー、モービッド・エンジェルなどがデビュー済みであり、すでにデス・メタルという音楽は世に知られていた。だが、アンダーグラウンド・メタルのマニアたちも、カンニバル・コープスの過激さには、改めて卒倒せざるをえなかったのだ。彼らはデス・メタルの暴虐性を、一気に数段引き上げた。クリス・バーンズによる、一切の感情を感じさせない非人間的すぎるヴォーカル。グロすぎるジャケット。そして異常とも思えるほど暴力的な歌詞。デビュー・アルバムのオープニング曲「Shredded Humans」、つまり「ズタズタになった人間たち」からして、「家に向かう5人家族の車が正面衝突、父親の身体はシートベルトのせいで真二つ、母親はフロントガラスを突き破り、車外に飛び

出して標識に串刺し、彼女の内臓は400メートルに渡ってぶちまけられた」なんていう調子。悪魔の生贄にされて死ぬ確率は、ほぼゼロだろう。だが、交通事故は違う。誰もが今日にでも遭遇するかもしれない危険だ。あまりに日常的、しかも過剰に残虐な内容が詳細につづられていたのである。

　ここで取り上げる「Hammer Smashed Face」は、彼らの3枚目のアルバム『Tomb Of The Mutilated』(92年)に収録されたもの。「ハンマーで潰された顔」というタイトルからして嫌な予感しかしないが、カンニバル・コープス定番の、殺人鬼モノだ。彼らの歌詞には、"abcess"＝「膿瘍」みたいな日本語にしてもよくわからない専門用語が出てくる。しかし、概して描写的なその歌詞には、解釈の難しい比喩などがほぼないため、わりとわかりやすい。内容を見ていこう。"I feel like killing you"は「お前を殺したい気分」。"feel like + …ing"＝「～したい気分」なんていう受験の頻出熟語も、こういう文章で覚えれば、すぐに暗記できてしまうだろう。"My blood runs cold"は、「俺は冷血だ」、「ゾッとする」の2つの意味に解釈可能。文脈的に前者だろうけれど。"Through my anatomy"はよくわからない表現だが、"anatomy"には「解剖」という通常の意味のほかに、「人体」というニュアンスもあるので、「俺の体の中には」といった意味だろう。この殺人鬼は、大脳皮質（cortex）にくっついた何かが出す命令に忠実に従う下僕（"a servant to its bidding"）なのだ。

　ハンマーをお前の額に振り下ろすと（"As it pounds down on your forehead"）、目玉が眼窩（がんか）（＝"eye socket"）から膨れ出て（"bulge"）くる。頭蓋骨の割れ目からは血が漏れ出し、湯気の出る液体（"Steaming slop"）で、俺もずぶ濡れ。"slouch"は、「Hook In Mouth」にも出てきたが、「前かがみの」、「猫背の」という意味。死体が丸まって倒れ

ている様子を表している。もとは頭があったところは、今は「ソソられる膿瘍」("lecherous abcess")が。"Avoiding the prophecy of my new found lust" は無理やり訳せば「新たに見つけた俺の欲望の予言を避け」だが、イマイチ意味がわからない。そこでベーシストのアレックス・ウェブスターに聞いてみたが、彼もわからないとのこと。それならば、今はもうカンニバル・コープスのメンバーではないけれど、作詞者であるクリス・バーンズに確認するしかないと連絡を取ってみたが、「お答えできません」とのことであった。何じゃそりゃ。

"Crushing, cranial, contents" では、頭韻という手法が使われている。通常の韻とは逆に、単語の初めが同じ子音になっている。「潰す、頭蓋、中身」と、ずいぶん酷い内容だが。"Draining the snot" は、「鼻汁を垂れ流し」。ただ、ハンマーで顔を砕かれているため、汁が鼻から出てきているのかはわからない。そして膨らみ出てきていた目玉を握りつぶすのだが、"nerves are incised" =「神経が切られ」という表現から、目玉がまだ眼窩とつながっていた様子が伺える。"Involuntarily pulpifying facial regions" というのは、「意図せずパルプとなった顔の部位」ということ。何だかよくわからないが、顔がぐちゃぐちゃに潰れてパルプ状になっちゃったということだろう。"To kill as I please" は「思うがままに殺す」。"As I please" は、「思うがままに」、「好きなように」というイディオム。"Created to kill, the carnage continues" は、再び頭韻が踏まれた美しい文だが、内容は「殺すために生まれた、虐殺は続く」という残虐なもの。

とにかくカンニバル・コープスの歌詞はこんな調子で、ただの歌詞だとわかっていても気持ち悪くなってくるレベルのインパクトだ。私もこれを書いていて、すっかり食欲を無くしてしまった。

Hammer Smashed Face

Words & Music by CHRIS J BARNES, PAUL MAZURKIEWICZ, JACK OWEN, ROBERT RUSAY and ALEX WEBSTER

There's something inside me

It's It's coming out

I feel like killing you [*1]

Let loose of the anger, held back too long [*2]

My blood runs cold

Through my anatomy, dwells another being [*3]

Rooted in my cortex, a servant to its bidding [*4] [*5] [*6]

Brutality becomes my appetite

Violence is now a way of life

The sledge my tool to torture

As it pounds down on your forehead [*7]

Eyes bulging from the sockets [*8] [*9]

With every swing of my mallet

I smash your fucking head in, until brains seep in [*10]

Through the crack, blood does leak

Distorted beauty, Catastrophe

Steaming slop, splattered all over me [*11] [*12]

Lifeless body, slouching dead [*13]

Lecherous abcess, where you once had a head [*14] [*15]

Avoiding the prophecy of my new found lust [*16]

You will never live again, soon your life will end

*1: feel like 〜=〜したい気分である。
*2: hold back =抑え込む。
*3: anatomy =ここでは人体という意味か。
*4: rooted in〜 = 〜に根差した。
*5: cortex =大脳皮質。
*6: bidding =命令、指令。
*7: おでこにハンマーを振り下ろすと……。
*8: 目玉が眼窩(socket)から飛び出してくる!
*9: bulge =外側へ膨らむ。
*10: seep in= 浸み込む。
*11: steaming= 湯気の立っている。
*12: slop= (汚い)液体。
*13: slouching = 前かがみの、猫背の。
*14: lecherous= 色情をそそる。
*15: abcess= 膿瘍。
*16: カンニバル・コープスのメンバーすら意味を知らない一文。

I'll see you die at my feet, eternally [*17]

 I smash your face

Facial bones collapse as I crack your skull in half [*18]

Crushing, cranial, contents [*19]

Draining the snot, I rip out the eyes [*20] [*21]

Squeezing them in my hands nerves are incised [*22]

Peeling the flesh off the bottom of my weapon [*23]

Involuntarily pulpifying facial regions [*24]

Suffer, and then you die

Torture, pulverised [*25]

At one with my sixth sense, I feel free [*26]

To kill as I please, No one can stop me [*27]

Created to kill, the carnage continues [*28]

Violently reshaping human facial tissue

Brutality becomes my appetite

Violence is now the way of life

The sledge my tool to torture [*29]

As it pounds down on your forehead

*17：see〜 動詞原形＝〜が〜するのを見る、知覚動詞。

*18：in half= 真二つに。

*19：頭韻。cranial= 頭蓋の。

*20：snot= 鼻水
*21：rip out= もぎ取る。
*22：incise= 切開する。

*23：ハンマーについちゃった肉片をはがす。
*24：involuntarily= 意図せず、思わず。

*25：pulverize= 粉砕する。

*26：at one with〜 = 〜と一体となって。
*27：as I please= 思うがままに。

*28：再び見事な頭韻、しかし内容は酷い！

*29：曲中では hammer ではなく、何故か sledge、mallet という単語が使われている。

HAMMER SMASHED FACE
Words & Music by CHRIS J BARNES, PAUL MAZURKIEWICZ, JACK OWEN, ROBERT RUSAY and ALEX WEBSTER
© by BMG PLATINUM SONGS, MAGGOT MUSIC and FULL VOLUME MUSIC
Permission granted by FUJIPACIFIC MUSIC INC. Authorized for sale in Japan only.

Cannibal Corpse
カンニバル・コープス

暴虐の極致を行くデス・メタル番長!

PROFILE

1988年に米ニューヨークで、アレックス・ウェブスター(b)、ポール・マズルケビッチ(d)、クリス・バーンズ(vo)、ジャック・オーウェン(g)、ボブ・ルセイ(g)にて結成。90年にデビュー・アルバム『Eaten Back to Life』を発表し、フロリダ勢と共にデス・メタルの確立に寄与する。95年にクリスが脱退し、ジョージ・"コープスグラインダー"・フィッシャー(vo)が加入。テクニカルながら初期衝動に忠実なデス・メタル道を邁進し続けている。

収録アルバム

『Tomb Of The Mutilated』

デス・メタルの聖地、フロリダのモリサウンド・スタジオで録音された、1992年リリースの3作目。「Addicted To Vaginal Skin」「Split Wide Open」など不穏なタイトルが並ぶが、アレックスのテクニカルなベース・プレイや練られたギター・リフなど、アンサンブルは聴きどころ満載。ドイツではアートワークのせいで発禁となった。

Special Interview
アレックス・ウェブスター
（カンニバル・コープス）

"検閲しようとしている奴らは
　ファンの知性を信頼していないのさ"

　カンニバル・コープスが描く凄惨な暴力・殺人描写について、またそれが巻き起こすであろう規制や検閲といった問題について、バンドの中心人物であるベーシスト、アレックス・ウェブスターの考えを伺った。非常に理知的で、現実に即した回答を噛みしめてほしい。

――カンニバル・コープスの歌詞のコンセプトはどのようにできあがったのですか？　クリス・バーンズ（vo）によるアイディアだったのでしょうか。
アレックス・ウェブスター：ファースト・アルバム『Eaten Back To Life』の歌詞は、ほとんどクリスが書いた。だけど俺やポール（・マズルケビッチ：d）、ジャック（・オーウェン：g）も手伝ったよ。最初にカンニバル・コープスというバンド名が決まったんだ。俺のアイディアだったのだけど、他にも候補があって、話し合いの結果これに落ち着いた。それでバンドの方向性も決まった部分がある。ホラーとゴア（血塗れ）というね。俺たちが大好きだったシリアル・キラーやゾンビがテーマの、非常にゴアなホラー映画のようなやつ。初期の頃は、わりとみんなで歌詞を書いていたんだ。「Shredded Human」なんかは、ほとんどジャックが書いたはず。次作の『Butchered At Birth』（91年）になると、クリスがすべての歌詞を手がけるようになった。そこから『The Bleeding』（94年）までは、彼がすべての歌詞を書いたんだ。コンセプトや曲のタイトルは、他のメンバーのアイディアであることもあったけれど。彼は、非常にゾッとするような暴力的な歌詞を書くというクリアなヴィジョンを持っていたようだ。最悪な種類の犯罪、異常者とかね（笑）。

――その「Shredded Human」は交通事故がテーマですよね。こんな歌詞はそれ以前に見たことがありませんでした。
アレックス：当時俺たちが見ていたホラー映画は、ゴアなエフェクトがたくさん使われ

Special Interview

ていた。ストーリーがつまらなくても、血がたくさん出ていれば、それで良かったんだよ。ホラー映画はたいてい超常現象とか、殺人鬼についてだけど、「Shredded Human」は自動車事故。だけど、これも恐ろしくて血まみれだからね、バンドのコンセプトに合ってると思ったんだ。俺たちも若かったからさ、「これはブルータルでクールだ!」なんて調子で(笑)。それ以上深く考えもしなかった。

——カンニバル・コープス以前にこんな歌詞を書いていたバンドはいたのでしょうか?

アレックス:いや、わからない。ゾンビを扱っているバンドはいたけどね、ネクロフェイジアとか。だけど事故を歌詞にするのは、確かに普通のことではなかったかもしれない(笑)。他にもいたのかもしれないけど、俺はちょっと思いつかないな。

——カンニバル・コープスは、暴力的なアートワークが問題となり、ドイツで発売禁止になったことがよく知られていますが、歌詞が問題になったことはないのですか?

アレックス:あったよ。まあでもそりゃなるよね(笑)。だけど、ドイツの検閲はよくわからないんだ。例えば『Torture』(12年)をリリースしたときは、「Scourge Of Iron」が問題になった。ミュンヘンでプレイする時に、「当局からあれはプレイするなというお達しが来ている」なんてレーベルに言われてさ。だけど、何でこの曲なんだよ? これは、邪悪な男が地獄で拷問をされるのを喜ぶ話だ。「Entrails Ripped From A Virgins Cunt」(=処女のアソコから引きちぎられた内臓)みたいな曲を検閲しようとするならわかるけど(笑)。「Fucked With A Knife」はOKで、「Scourge Of Iron」はダメなんて、まったく理解できないね(笑)。まあ、最近はコンサートをキャンセルしなくてはいけないみたいな問題も起きていないからいいけど。前はあったんだよ。俺たちを規制しようとしている女性がいてさ、歌詞をドイツ語に訳して地方の自治体に見せて、「こんなものをあなた方の地域に住む人々に聴かせたいですか?」なんて圧力かけて。それで本当にいくつかの都市でのショウがキャンセルになってしまった。

——80年代にPMRC騒動などがありましたが、カンニバル・コープスはアメリカで槍玉にあげられたことはないのですか?

アレックス:PMRCの活動は、大した成果をあげたとは思わない。結局ペアレンタル・ガイダンスのステッカーを貼らせただけで、そのステッカーも警告以上の意味がないしね。俺たちのアルバムにもステッカーを貼られたけどさ、ゾンビ2体が女性を切り刻んで子供を引きずり出してるジャケットだよ? それだけで警告としては十分だろ

カンニバル・コープス
『Butchered At Birth』(91年)

カンニバル・コープス
『Red Before Black』(17年)

(笑)? 96年に共和党の大統領候補だったボブ・ドールが、検閲を選挙運動に利用しててね。俺たちや、ほかのいくつかのラップ・グループなんかを規制しようなんて言っていたよ。「こういう人間は、自分たちのやっていることを恥じるべきだ」とか言って。俺たちは作品にきちんと本名を載せてやってるんだよ? まったく恥じることなんてない。で、結局俺たちにとっては宣伝にしかならなかった。

「The 700 Club」っていうテレビ番組は知ってる? パット・ロバートソンという人物が始めた非常に保守的なキリスト教の番組なんだけど、ボブ・ドールが俺たちを攻撃し始めたのと同じ頃、ここでも同じバンドが攻撃され始めたんだ。だから、もしかしたらここの関係者であるキリスト教徒たちが、ボブ・ドールにバンドのリストを渡したんじゃないかと思ってる。わからないけどね。だっておかしいだろ、大統領の候補になるような人物が、俺たちを含めそういうバンドのことにやたら詳しいなんて。テネシーに住んでる友達が、この番組のビデオを送ってくれたんだけど、俺たちやアリス・イン・チェインズ、メタリカなんかが取り上げられてた。メタリカには「The God That Failed」という曲があったからね。彼らにとっては、「失敗した神」という内容だけで十分許せなかったわけだから、俺たちの歌詞を読んだら、そりゃね(笑)。でも結局、実際に規制されることはなかったよ。

——あなた自身、検閲についてどう思いますか?

アレックス: 難しい問題だと思うけど、検閲というのは最終手段であるべきだと思うんだ。直接誰かに危害を加えるようなことにつながる言論というものは、規制されるべき

Special Interview　　　　　　　　　　　アレックス・ウェブスター

だと思う。しかし、俺たちの歌詞はそういうものではない。俺たちは、俺たちの歌詞に出てくるような人物を好まないし、遭遇もしたくないよ（笑）。殺人鬼のホラー映画を作るのと同じさ。映画自体は素晴らしくても、殺人鬼を賛美しているわけではないだろ。エンターテインメントから暴力性を一掃したら、残るものなんてないんじゃないかな。マーティン・スコセッシの映画もビデオゲームもデス・メタルもブラック・メタルも、すべて禁止になるよ。多くの人は理解しているだろうけど、エンターテインメントはあくまでエンターテインメントなのさ。

　人間誰でも暴力的な傾向は持っている。だから、格闘技や暴力的な映画も人気がある。だけど、こういうものは誰も傷つけないし、フラストレーションの解消になっていると思うよ。スレイヤーのライヴにいってモッシュしたりね。検閲しようとしている奴らは、ファンの知性を信頼していないのさ。エンターテインメントと本当の暴力の区別がつかないだろうって。そうだったら今ごろ全員刑務所さ。例えば、さっきあげたマーティン・スコセッシの『グッド・フェローズ』なんて、何人が殺されてる？　だけど、これは素晴らしい映画だし、とても人気があるだろ。デス・メタルなんかよりもずっと人気がある。暴力的なものを好む傾向は、誰にでもあるのさ。

――例えばカンニバル・コープスの歌詞が、小さい子どもに悪い影響を与える心配というのはないのでしょうか？

アレックス：まず、俺たちの歌詞はそれなりに複雑だ。だから、それを読んで理解できるということは、十分これがフィクションのエンターテインメントであると分別がつく年齢に達しているということだよ。俺たちも含め、いろいろな音楽やゲーム、映画、漫画などでいろいろなことが発信されていて、中には非常に暴力的なものもあるけれど、少なくとも99％の人間は、きちんとエンターテインメントであると理解していると思う。まあ、もちろん『Butchered At Birth』を、3歳の子供の目が届く所に置いておくべきではないと思うけどね。世界は暴力にあふれているけれど、エンターテインメントがその原因になっているケースなんてほとんどないよ。暴力のほとんどが政治的闘争や強盗みたいな犯罪によるもので、エンターテインメントとは関係ない。エンターテインメントが原因の暴力なんて非常にまれに起こるだけさ。それだって、本当に原因がエンターテインメントだったのかはわかりようもないしね。

Suicidal Failure
スイサイダル・フェイラー

Suicidal Tendencies
スイサイダル・テンデンシーズ

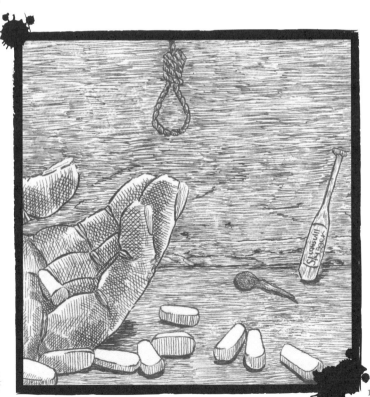

死に魅了され、死に惑わされる
ヘヴィメタルを取り巻く自殺問題

　カリフォルニアのスラッシュ／ハードコア・バンド、スイサイダル・テンデンシーズのデビュー・アルバムは、「Suicide's An Alternative」＝「自殺も選択肢」で幕を開け、「Suicidal Failure」＝「自殺失敗」で終わるという、ちょっとシャレた構造になっている。女、友達、学校、政治、音楽、あらゆることにウンザリ。人生なんて最低、生きていても意味がない。こんな自分にもウンザリだ。こうなってくると、自殺も選択肢に入って来る。で、「Suicidal Failure」では、いろいろな自殺方法が試みられる。曲の冒頭 "Father forgive me for I know not what I do" というのは、キリストが磔にされたときに言ったセリフ、「父よ、彼らをお許しください。彼らは自分たちのしていることがわかっていないのです」のパロディだ。生きたくないが、なぜかはわからない。ただただ死にたいだけ。ママの睡眠薬も全部飲んだし、高速道路の橋からも飛び下りてみた。3種類の毒も飲んだし、自分をバットで殴ってもみた。首も吊ったし、ヘロインのオーバードーズも試みた。だが、死ねない。だから誰か俺を撃ってくれ。なんていう内容だが、まあ、本気で自殺を推奨しているのではないだろう。スイサイダル・テンデンシーズはパンク・バンドとしてそのキャリアをスタートしているし、むしろポジティヴなメッセージこそが彼らの売り。ユーモラスに死を絡めているが、この世のシステムへの不満こそが、このアルバムのメイン・テーマであろう。

　自殺を主題とした曲は少なくない。有名なところでは、オジー・オズボーンの「Suicide Solution」（『Blizzard Of Ozz』収録：80 年）。アルコールはゆっくりとした自殺であると表現したこの曲、オジーは

AC/DCの故ボン・スコット (vo) のことを念頭において書いたとしている。しかし一方で、ベーシストのボブ・デイズリーは、これを書いたのは自分であり、テーマはオジーのことだと主張する始末。まったく訳がわかりやしない。それはともかく、84年10月、アメリカで19歳の男性が銃で自殺。死の直前に「Suicide Solution」を聴いていたということで、彼の両親がオジーとレコード会社を訴えた。"suicide is the only way out" =「自殺が唯一の出口」、そして "Why try? Get the gun and shoot!" =「何でやるんだ? 銃を取って撃っちゃえよ!」というフレーズが自殺の原因だとしたのだ。

しかし、ちょっと待ってほしい。歌詞カードを見ても、後者のフレーズは見当たらないではないか。そう、原告は、これを「サブリミナル・メッセージ」だと主張したのだ! 問題のパートは2分過ぎ。確かに "Get the gun and shoot!" と聴こえなくもないが、訴えに対し、オジーとボブは、これは "Get the flaps out" と言っているのだと反論。「flaps出しちゃえよ」ということだ。flapsって何かって? flapsって、蝶々とか、ビラビラしたものですよ。だからアレのことです。もし本当に、「アレ出しちゃえよ」を「銃で撃っちゃえよ」と聴き間違えて死んでしまっ

オジー・オズボーン
『Blizzard Of Ozz』(80年)
「Suicide Solution」収録

たのだとしたら、ダーウィン賞（愚かな行為で死亡するなどによって、自身の劣った遺伝子を後世に伝えなかったことを賞賛するジョーク・アワード）を送りたくなってしまうが。当然、「サブリミナル・メッセージ」なんていう主張が裁判で認められるはずもなく、訴えは棄却された。オジーはのちに、「ファンに対して『銃をとってやっちゃえ』なんて言うわけないだろ。そんなことしたら、今ごろ俺のファンはほとんど死んじゃってるよ」と、ユーモアを交えたコメントをしている。

　自殺絡みで告訴されたのは、オジーだけではない。85年、18歳と20歳の2人の青年がショットガンで自殺を図った。一人は即死。一方、20歳のジェイムズは生き延び、3年後に鎮痛剤の過剰摂取で死亡した。90年、ジェイムズの両親は、ジューダス・プリーストのアルバム、『Stained Class』（78年）が自殺の原因であるとして、バンドとレコード会社を訴えた。実際ジェイムズは、「Beyond The Realms Of Death」（同作収録）が自殺のきっかけの1つだったと発言していたらしい。確かにこれ、「もうウンザリ、我慢できない、俺は世界を置き去りにした、これは俺の命、決めるのは俺、お前じゃない」なんて調子で、落ち込んだ主人公が自殺をするという内容のようだ（ヴォーカリストのロブ・ハルフォードは、自殺反対こそがこの曲のメッセージだとしているが）。さらに、両親の訴えによれば、若者2人の自殺を決定的にしたのは、同じく『Stained Class』収録の「Better By You, Better Than Me」（Spooky Toothのカヴァー）に出てくる "Do it !" というフレーズだというのだ。しかし、こちらのフレーズも、歌詞カードには記載されていない。そう、これもまた「サブリミナル・メッセージ」だという訴えだったのだ！　確かに2分半過ぎあたりで、"Do it !" と聴こえる気はする。しかし、"Do it !" と言われるたびに自殺をしていたら、命がいくつあっても足りやしない。当然、こちらの訴えも棄却された

(『Stained Class』の原盤権を持つ CBS には 40,000US ドルの制裁金が科される結果となったが、これは裁判所の命令に背き、求められた資料を提出しなかったからだ。自殺の責任を問われたのではない)。バンドのマネージャー、ビル・カービッシュリー、そしてロブ・ハルフォードは、「どうせサブリミナル・メッセージを仕込むなら、『自殺しろ』じゃなくて『もっと俺たちのアルバムを買え』って入れるよ」と、これまた気の利いたコメントをしている。

　自殺関連というと、意外なところで、ヴァン・ヘイレンの「Jump」(『1984』収録:84 年) がある。ポジティヴなイメージしかないような曲であるが、ヴォーカリストのデイヴ・リー・ロスによれば、その歌詞は、ビルから飛び降りようとしている男のニュースを見て思いついたという。確かにサビの一節は、「飛んだほうがいいぜ、さあ飛んじゃえよ」である。こちらはサブリミナルなどではない。デイヴ・リー・ロスははっきりとそう歌っている。しかし、この曲が訴えられたという話は聞かない。さすがにあの曲調から暗い連想をする人は、そうそういないのだろう。

ジューダス・プリースト
『Stained Class』(78 年)
「Better By You, Better Than Me」
「Beyond The Realms Of Death」収録

ヴァン・ヘイレン
『1984』(84 年)
「Jump」収録

Suicidal Failure
Words & Music by MICHAEL MUIR

Father forgive me for I know not what I do
I tried everything but I'll leave it up to you
I don't want to live, I don't know why
I don't have no reasons, I just want to die

I'm a suicidal failure,
I've got to get some help
I have suicidal tendencies but I can't kill myself

I'm tired of this way of life, my patience has expired
I'm barely just 19, but my life I will retire
I went down to a rifle store, I bought myself a gun
I point it at my head but I couldn't get the job done

I'm a suicidal failure,
I've got to get some help
I have suicidal tendencies but I can't kill myself

I took all my mother's sleeping pills
I jumped off a freeway bridge
I drank three kinds of poison
And drove my car off a ridge

*1:キリストが磔にされた時のセリフのパロディ。

*2:leave~up to~ =~を~に任せる。

*3:なぜかはわからないし、理由もないけど、とにかく死にたい。

*4:でもどうしても死ねないから、誰か手伝ってくれ。

*5:suicidal tendencies =自殺傾向。

*6:be tired of ~=~にはウンザリだ。

*7:barely=かろうじて、やっと。

*8:point at =~に向ける。
*9:get ~ done =~を終わらせる。

*10:sleeping pill =睡眠薬。

*11:ridge =尾根。崖から車ごと転落するみたいなイメージか。

I beat myself with a bat [*12]
Put a noose around my head [*13]
I overdosed on heroin [*14]
But I'm still not dead

I'm a suicidal failure,
I've got to get some help
I have suicidal tendencies but I can't
   kill myself

Death may not be the answer, It can't be
   all that great [*15]
But me I'm not into living with life [*16]
   I can't relate [*17]
By some masochistic reasoning I think
   that it will be fun
I want to start my second life now
So shoot me with your gun [*18]

*12：自分をバットで殴ってみる。

*13：noose＝首吊り縄。

*14：ヘロインのオーバードーズでも死なない！

*15：all that＝（否定文で）それほど~でない。

*16：be into ~＝~に夢中になる。

*17：relate with ~ ＝ relate to ~＝~を理解する。

*18：どうしても自殺に成功しないから、お前の銃で撃ってくれ！

SUICIDAL FAILURE
Words & Music by MICHAEL MUIR
© by AMERICAN LESION MUSIC, BMG BUMBLEBEE and YOU'LL BE SORRY MUSIC
Permission granted by FUJIPACIFIC MUSIC INC.
Authorized for sale in Japan only.

Suicidal Tendencies
スイサイダル・テンデンシーズ

ハードコアやファンクも飲み込むゴッタ煮メタル!

PROFILE

1982年、米カリフォルニアで、マイク・ミューア(vo)を中心に結成。スケーター・カルチャーやギャング・ファッションを押し出した『Suicidal Tendencies』で83年にデビューする。当初はハードコア寄りの音楽性だったが、87年の第2作『Join The Army』ではスラッシュ・メタル色が強くなり、89年に現メタリカのロバート・トゥルージロ(b)が加入してからはファンク色も取り込んだクロスオーバー・スラッシュを展開。現在も独自のスタンスで活動を続ける。

収録アルバム

『Suicidal Tendencies』

1983年リリースのデビュー・アルバム。「レーガンを撃った!」との叫びが強烈な「I Shot The Devil」を始め、ハードコア色が強いが、リフやソロ、リズムの緩急にメタル的アプローチも垣間見られる。「Memories Of Tomorrow」はスレイヤーもカヴァー。93年に『Still Cyco After All These Years』として再録音された。

Column

Speak English or Die!?

　音楽的にテクニックも理論も無視、初期衝動がほぼすべてであった80年代中盤までのスラッシュ・メタルであるが、特にヨーロッパにおいては、英語的にも自由すぎるバンドが散見された。その横綱がドイツのソドムだろう。85年のデビューEP『In The Sign Of Evil』は、ここまで各楽器バラバラに演奏できるものなのかと驚愕させられる名盤だが、歌詞も輪をかけて酷い。「Burst Command 'til War」は、まずタイトルからして意味がわからない。「戦争まで命令を爆発させろ」とは、どういうことなのだろう? "Our hopeless is getting higher" なんていうフレーズは、文法的にも滅茶苦茶だし、"We are all suicide without brain" もまったく意味不明(俺たちは脳ミソのない自殺???)。同EPの「Blasphemer」には "Masturbate to kill myself" なんていう文も出て来るが、「自殺するためにマスターベーションをする」って、一体どういうシチュエーション?

　そんなソドム大先生のハイライトは、87年リリースのEP、『Expurse Of Sodomy』である。何しろ "expurse" なんていう単語は存在しないのだ。そりゃ音楽はアートですから、新たに単語を作り出すケースもよくあるでしょう。しかしソドムの場合、どうやら "expulse" の「L」と「R」を間違えるという、まるで日本人のようなミスをしてしまったようなのだ。では『Expulse Of Sodomy』ならセーフだったかというと、そう単純な話ではない。"Expulse" は「追放する」という動詞なので、「男色(Sodomy)の追放」というタイトルにしたいならば、『Expulsion Of Sodomy』としなくてはいけない。まあ歌詞の一節を間違えるくらいなら、よくあることだろう。しかし、このソドムのケースはEPのタイトルだ。レコード会社の社員のうち誰か一人でも、「"Expurse" なんてい

ソドム
『In The Sign Of Evil』(85年)
「Burst Command 'til War」「Blasphemer」収録

ソドム
『Expurse Of Sodomy』(87年)

う単語、存在しないんですけど」と指摘するものはいなかったのだろうか。滅茶苦茶にもほどがある。まあ、それも含めてソドムはカッコいいのですけどね。

そんなヨーロピアン・イングリッシュ問題を現代に継承するのが、意外や意外、フィンランドのチルドレン・オブ・ボドムだ。スーパー・ギタリスト、アレキシ・ライホを擁し、極上のメロディック・デス・メタルを聴かせる彼ら。ソドムとは対照的に洗練した印象すら抱かせるバンドだが、そんな彼らも、どうやら歌詞を書くことだけはあまり得意ではないようだ。彼らの抱える問題は、文法や英語が滅茶苦茶というのとはまた違う。簡単に言ってしまえば、あまりに中2病臭が強すぎるのだ！ 例えば、その4作目『Hate

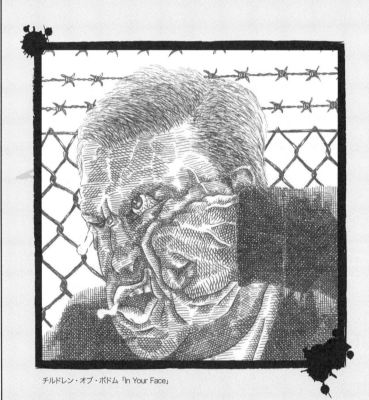

チルドレン・オブ・ボドム「In Your Face」

Crew Deathroll』(03年) のタイトル曲は、"Fuck！It's pissing the fuck out of us when you don't understand the word 'no'！" =「ファック！ お前は『ノー』の意味がわからないのか、クソ腹立つわ！」、"Why?! Is it so hard to get that we don't need you, stupid cunt！" =「ホワイ?! お前なんかいらねーってことがわからねーのか、バカ女！」なんていう調子。

続く5作目、『Are You Dead Yet?』(05年) 収録の「In Your Face」は、この路線の最高峰だろう。何しろサビが、"I don't give a flying fuck"。"don't give a fuck" というのは、「どうでもいい」、「気にしない」という意味のスラング。そこに "flying" がつくと、気にしない度合いがアップする。日本語でこのサビのニュアンスを伝えるとすると、「別にいーもんねー、別にいーもんねー」といったところか。おそらくはいじめられっこ視点で書かれているこの曲。"I double-dare you"、"Bring it on" など、ネイティヴであれば苦笑確実のパワー・フレーズが満載だ。"I double-dare you" は、"I dare you" =「やれるもんならやってみな」という常套句の強力バージョン。"Bring it on" は、「かかってこいよ」という決まり文句。タイトルの "in your face" という言い回しは、「大胆な」とか「けんか腰の」といった意味のイディオムだが、この曲ではもっとストレートに、「お前の顔面を殴ってやる」という意味で使われているようだ。つまり、内容を要約すると、「お前ムカつくな、でも別にいーもんねー、何だよ、やれるもんならやってみろよ、かかってこいよ、顔面殴るぞ！」となる。中二病というのは過大評価だったかもしれない。これはもはや小学生男子のケンカである！「別にいーもんねー、気にしないから」と言いつつ、結局殴るというのも訳わからないし。

チルドレン・オブ・ボドム
『Hate Crew Deathroll』(03年)

チルドレン・オブ・ボドム
『Are You Dead Yet?』(05年)
「In Your Face」収録

I Lit Your Baby On Fire

カモン、ベイビー！燃えてるぜ

Anal Cunt
アナル・カント

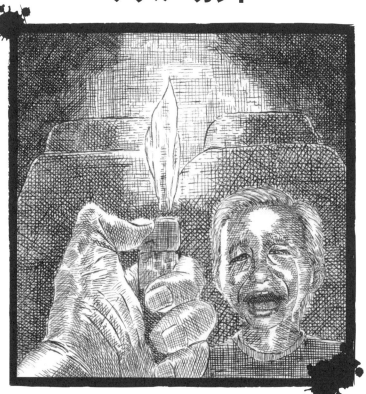

真に受けたら負け!?
モスト不謹慎バンドの"戯言"

　メタル界隈で、最もモラルを欠いているバンドと言えば、アナル・カント（AxCx）だろう。「グラインドコア・バンドであるアナル・カントであるがメタル？」なんていう疑問の声も聞こえてきそうではあるが、中心人物であるセス・プットナム（vo）が初めて参加したプロフェッショナル（と言えるかは微妙だが）なバンドとされるのが、ボストンのスラッシュ・メタル・バンド、エクセキューショナーだ。彼がメタル「界隈」の人間であったことは間違いない。

　さまざまなバンド、プロジェクトをやっていたセスだが、最も有名なのが、アナル・カントである。88年に即興ノイズのプロジェクトとしてスタートしたが、やがてきちんと曲を演奏し、悪質な歌詞を乗せるようになっていく。まず、バンド名からして滅茶苦茶。何しろアナルにマ○コ。ただ注意したいのは、アナルは形容詞であること。"anal"には「異常なまでに神経質な」という意味があり、また"cunt"は女性の蔑称としても使われるので、意味としては「神経質な女」と取ることもできる。でもまあ、セス本人が「とにかく不愉快でバカな名前にしたかった」と言っているし、そもそもロゴがケツの穴とマ○コだから、普通に「ケツ・マ○コ」ということなんでしょうね。

　歌詞の内容が露骨にエスカレートしたのが、99年の『It Just Gets Worse』というアルバム。「カウンセラーになったのはレイプの被害者に自業自得だと言ってやるため」、「ドラッグと児童虐待が大好き」、「お前の犬を中華料理屋に売ってやった」、「クリス・バーンズは腰抜け」、「強制収容所の動画を爆笑ビデオの番組に送ってやった」。女性蔑視に児童虐待、人種差別に個人攻撃、そしてナチズム。タイトルを見ただけ

I Lit Your Baby On Fire

で眩暈(めまい)がするような楽曲がズラリと並ぶ。これでもレーベルがいくつかの曲のタイトルを変えさせたのだというから驚き。

ここで取り上げた「I Lit Your Baby On Fire」も、彼の女性嫌いの面が色濃く反映されている。英語について、特に説明が必要な部分はないだろう。ドラッグで金を使い果たしてしまい、飛行機に乗れないから、仕方なくグレイハウンド（アメリカの大手バス会社。転じて長距離バスの意も）のバスに乗ったら、となりが女性と"brat"、すなわち「ガキ」だった。ずっと騒いでいやがるから、女性がトイレに言っている隙に、ガキを燃やしてやった。ただそれだけ。最後に燃えてる子供の上でマシュマロを焼いたというのが、非常にアメリカンだ。

しかし、果たしてこれらの歌詞は、ジョーク、ユーモアの類だったのだろうか。確かにセスも自分自身をコメディアンに例えているし、ファンの多くもアナル・カントを冗談として楽しんでいたことだろう。だが、セスはインタビュー内でたびたび「同性愛者や女性、有色人種が本気で嫌い」だと発言（とは言いつつ3度も来日しているが）していたし、ライヴ中、女性客にマイクで殴り掛かり、逮捕されたことすらある。そしてまた、彼は露骨に人種差別的なバンドであるヴァジャイナル・ジーザスにも参加していたのだ。このバンドの楽曲は、とてもジョークで片づけられるものではない。例えば「Back Of The Bus」では、「黒人はバスに乗ったら後方の座席に座れ」、と非常に過激で差別的な言葉で歌われている。「バスの後方の座席」にピンと来る日本人は多くないかもしれないが、アメリカではこれが大きな意味を持つ。50年代のアメリカでは、白人はバスの前方、黒人は後方と座るところが決められており、しかも前方の席が埋まった場合、黒人は後方の席をも白人に譲らなくてはいけなかったのだ。55年、ローザ・パークスという黒人女性が白人に席を譲らなかったというだけで逮捕されるという事件が

起こった。結局この事件が公民権運動へとつながっていくわけだが、ヴァジャイナル・ジーザスは、ローザを「脳をやられた猿」と揶揄している。これはジョーク、ユーモアで片づけられるものだろうか？『徒然草』のよく知られている一節に、「狂人の真似とて大路を走らば、即ち狂人なり」というのがある。つまり、セスがこれらをジョークでやっていたとしても、やはり彼は狂人だったと言わざるを得ないということだ。

　04年、セスはクラック、コカイン、ヘロイン、大量の睡眠薬とアルコールを同時摂取し、こん睡状態に陥った。結局一命は取り留めたものの、その後もドラッグ、アルコールをやめることなく11年、わずか43歳の若さでこの世を去ってしまった。死因は心臓麻痺。バンドは解散。アナル・カントの狂気の歴史もこれで終わりかと思いきや、そうではなかった。18年、アナル・カントのギタリストであり、セスとも非常に仲の良かったジョシュ・マーティンが急逝。「45歳」の彼は、ショッピング・モールでふざけてエスカレーターの手すりにまたがっていたところ誤って転落。1階下のフード・コートのテーブルに頭をぶつけて死亡したというのだから、実にアナル・カントらしいというか何というか。

I Lit Your Baby On Fire

Words & Music by Martin Josh, Putnam Seth

I spent all my money on drugs,
    and couldn't afford[*1] to fly
I took a greyhound[*2] bus, you and your brat[*3]
    sat next to me
It wouldn't shut up, so I lit it on fire[*4]
For 30 seconds it was louder, then it
    shut up

I lit your, I lit your, I lit your, baby on fire *
[x4]

You came back from the bathroom and
    smelled something burning
You realized it was your baby and
    I started to laugh
You asked the driver to pull over,[*5]
    but he laughed at you too
You yelled at[*6] me, so I roasted some
    marshmallows on your kid[*7]

* repeat

*1: afford to ～＝～する金銭的余裕がある。
*2: Greyhound bus ＝アメリカの長距離バス。
*3: brat ＝ガキ。
*4: light ～ on fire ＝～に火を点ける。
*5: pull over ＝車を路肩に寄せて停める。
*6: yell at＝ 怒鳴る
*7: マシュマロを焼くというのは実にアメリカン！

I LIT YOUR BABY ON FIRE
Words & Music by Martin Josh, Putnam Seth
© Copyright by EARACHE SONGS
Rights for Japan controlled by Victor Music Arts, Inc.

Photo/Getty Images

Anal Cunt
アナル・カント

不謹慎弾による全方位絨毯爆撃!

PROFILE

1988年、エクセキューショナーのベーシストだったセス・パットナム (vo) が米ボストンで結成したグラインドコア・バンド。"不快で間抜けでバカげた" バンド名が象徴するように、初リリース『88 Song E.P.』(88年) は13分弱に全88曲という確信犯的な内容となっている。日本盤の各アルバムに付けられたユーモラスな邦題も話題を呼んだ。セスはドラッグ中毒の末、11年に死去。長く相棒を務めたジョシュ・マーティン (g) も18年に事故死している。

収録アルバム

『It Just Gets Worse (怨みはパワー、憎しみはやる気)』

1999年リリースの第6作。全39曲が収録されているが、実在のバンド名を出した「○○に捧ぐ」シリーズや「ヒットラーは繊細」「レイプの御礼状」など不謹慎のバーゲン・セールとなっている。日本盤では、"過激過ぎるため"との理由から対訳は同梱されていない。

Mouth For War

マウス・フォー・ウォー

Pantera
パンテラ

怒りを力に変えた
90年代ヘヴィメタルの救世主

　92年にリリースされたパンテラ6枚目のアルバム『Vulgar Display Of Power（邦題：俗悪）』収録。90年代というヘヴィメタル不遇の時代に光をもたらした作品である。というよりも、パンテラがいなければ、ヘヴィメタルは絶滅こそしなかったとしても、永久に日の当たらない世界の存在になっていた可能性は高い。「Mouth For War」は、そんな救世主バンドの代表曲の1つ。この曲が書かれた当時の様子について、ヴォーカリストのフィリップ・アンセルモは、「俺はスーパーマンみたいに感じてたんだ。誰も俺を止めることなんてできやしない。朝ベッドから飛び起きても、体に痛いところなんてなかったしな。肉体的にも最高の状態にあったのさ」と語っている。確かにこの歌詞、実に万能感にあふれている。そして「怒りというネガティヴな感情を生産的なものへと変える」というテーマが、はっきりと見てとれる。非常に前向きで、わかりやすい内容の曲ではある。だが、一文一文細かく見ていくと、意味不明な部分も多々あるのだ。頭から見ていこう。

　再び復讐を叫ぶ自分（"I'm screaming revenge again"）は、長いこと誤りを犯していた（"I've been wrong for far too long"）。いつも不満を感じていたのだ。だが、憎しみ（"hate"）のようなネガティヴな感情も、生産的なことに使えば"I've moved mountains with less"、つまり「もっと簡単に山すら動かせ」る。ここで"less"は「より少量」という代名詞で使われていると思われるが、後ろに"power"や"energy"といった単語を補ったほうが意味はわかりやすいだろう。「より少ない力で山すら動かせた」ということだ。"in traction"というのは、よくアメリカの映画である、骨折した人がベッドで手や脚を吊っている状態

のこと。"hone raw energy"、つまり「生のエネルギーを磨く」ために、拳を骨折してしまったのだ。しかし、いきなり骨折の話が出てくるのは、どういうわけなのだろう？ とにかく自分は大胆不敵("Bold")で破滅的("disastrous")。人の言うことなんて、まったく耳に入りはしない。サビの"Hold your mouth for the war, Use it for what it's for"は、「言葉は争うためにあるのではない。使うべきときに正しい目的で使うべきものだ」ということ。

続く2番はいまひとつ状況がつかみにくい。"the strength of many to crush who might stop me"というのは「俺を止めようとする奴らを押しつぶす大勢の力」ということだろう。ただこの文、学校の英語のテストだったらバツになる。関係代名詞 "who" は、先行詞を必要とするからだ。本来は "to crush those who might stop me" などとすべき。しかし、別に先行詞なんてなくなって誰も気にしないし、意味も通じるのである。"My strength is in number"は、おそらく "in numbers" の誤り。"in numbers"で「大勢で」という成句だ。しかし「俺の強さは大勢」とはどういうことなのだろう。"The releasing of anger can better any medicine under the sun"は、意味がつかみにくい文だ。"better"は動詞で使われると、「～をより良くする」、「～に勝る」という意味になる。"under the sun"には「この世の」という意味があるので、ここでは「怒りの解放は、この世のいかなる薬にも勝る」ということ。それにしても「俺の魂はみなの中にある」など、やたら大勢であることが強調されるこのパートは、一体何を意味しているのか。なかなかシチュエーションがつかみにくい。

3番も "No comprehension to fail, I vacuum the wind for my sail" ＝「理解できないものはない、俺は自分の帆に風を吸い込む」と万能感全開だ。だが、ここから難解な文が続く。"Can't be the rest"は、

「その他の人々にはなれない」ということだろうが、具体的にはどういうことなのだろう。"Let others waste my time" というのは、「他人に俺の時間を無駄にさせろ」ということだ。その次の文が "Owning success is the bottom line" =「大切なのは成功することだから」となっているが、成功するためには他人に時間を無駄にされても良いのだろうか？「他人に俺の時間を無駄にさせるな」ということならば、すっきりと意味も通るのだが。"bottom line" というのは「要点」、「肝心なこと」という意味。"After life is to death" というのも非常にわかりにくい。「あの世は死ぬまで」とはどういう意味なのだろう。"Pulling and punching the rest of duration" も意味がはっきりしない。そのまま訳せば「残りの期間、引いてパンチを打って」ということだ。

　実は、ここで "punch" という単語が突如出て来るのも、そして前に出ていた「拳を骨折している」という描写にも、理由があるのだ！215ページからのフィリップ・アンセルモのインタビューを読んでいただきたい。ボクシングの大ファンであるフィルは、プロボクサー、ジェームズ・トニーのことを念頭に置いて、この歌詞を書いたのである。「拳を骨折」、「パンチを打つ」といった表現は、比喩でも何でもなく、実際にボクシングのことだったのだ。そして2番に出て来る「大勢」とういのは、パンテラの忠実なファンたちのこと。自分の感じる万能感、パンテラ・ファンとの連帯感、そして比類なき強さを誇った大好きなジェームズ・トニーの姿。「Mouth For War」は、これらのイメージを1つに重ね合わせて書かれているのである。

Mouth For War

Words & Music by Vincent Paul Abbott, Darrell Lance Abbott, Rex Robert Brown and Philip Hansen Anselmo

Revenge
I'm screaming revenge again
Wrong
I've been wrong for far too long
Been constantly so frustrated
I've moved mountains with less
When I channel my hate to productive
I don't find it hard to impress

[Pre]
Bones in traction
Hands break to hone raw energy
Bold and disastrous
My ears can't hear what you say to me

[Chorus]
Hold your mouth for the war
Use it for what it's for
Speak the truth about me
Determined

Possessed
I feel a conquering will down inside me
Strength
The strength of many to crush
Who might stop me
My strength is in number

*1: scream＝〜を叫ぶ。

*2: far too＝あまりにも〜過ぎる。

*3: energy、power などを補って考えよう。

*4: productive は普通は「生産的な」という形容詞。

*5: in traction＝骨折した手足を吊っている状態。
*6: hone＝磨きをかける。

*7: 争いのために口を使うな。もっと良い使い方があるだろう。

*8: ここでの will は意志のこと。

*9: 厳密に言うと who の前に先行詞が必要。
*10: in numbers＝大多数、の誤りか。

And my soul lies in every one
The releasing of anger can better any medicine under the sun

[Pre]

[Chorus]

There comes a time within everyone to close your eyes to what's real
No comprehension to fail
I vacuum the wind for my sail
Can't be the rest
Let others waste my time
Owning success is the bottom line.
Like a knife into flesh
After life is to death
Pulling and punching the rest of duration
NO ONE can piss on this determination

* 11：better ＝〜に勝る。

* 12：under the sun ＝この世の。

* 13：close one's eyes to 〜 ＝〜を見て見ぬふりをする。

* 14：comprehension＝ 理解。

* 15：rest ＝その他の人々。他人にはなれない、自分は自分ということ。
* 16：Don't を補ってみよう。
* 17：bottom line＝ 肝心なこと。

* 18：piss on 〜＝〜を無視する、〜をぞんざいに扱う。

MOUTH FOR WAR
Words & Music by Vincent Paul Abbott, Darrell Lance Abbott, Rex Robert Brown and Philip Hansen Anselmo
©1992　VDPR MUSIC
All rights reserved. Used by permission.
Print rights for Japan administered by Yamaha Music Entertainment Holdings, Inc.

Pantera
パンテラ

90年代を席巻したウネるヘヴィ・グルーヴ!

PROFILE

1981年、米テキサスでヴィニー・ポール (d) と、コンテスト荒しとして名を馳せていたダイムバッグ・ダレル (g) の兄弟によって結成。当初は王道なアメリカン・メタルを演奏していたが、フィル・アンセルモ (vo) 加入後、第5作となる『Cowboys From Hell』(90年) から独自のグルーヴ・メタルを開拓し、92年の『Vulgar Display Of Power (俗悪)』で一躍時代の寵児となる。その後、バンドは03年に解散。04年にダレルが、18年にヴィニーが死去する。

収録アルバム

『Vulgar Display Of Power (俗悪)』

1992年リリースの通算6作目。前作で掴んだグルーヴ・メタルをさらに推進し、唯一無二の音楽性を確立した。硬質な音作りやリフ、リズムは、後進のみならず同時代のバンドにも多大な影響を与え、90年代メタルの最重要作に数えられる。日本盤の邦題が漢字二字に統一されたのも本作から。

Special Interview

フィル・アンセルモ
(元パンテラ／フィリップ・H. アンセルモ&ザ・イリーガルズ)

"言葉や優しさを用いることで
危険な状況を回避しようと努めることを学んだ"

パンテラの音楽を濃く彩っていた怒りや衝動。しかし、その発露の源泉には、表面的には見えないフィル・アンセルモの静かな考えがあった!

——サビの "Hold your mouth for the war, Use it for what it's for" というのは、「言葉は誰かを攻撃するためではなく、もっとふさわしい目的のために使われるべきである」という解釈で良いのでしょうか?

フィル・アンセルモ:その通りだよ。たいていの場合、というか少なくとも俺は、非常に危険な状況になりそう場合でも、言葉や優しさを用いることで、それを回避しようと努めることを学んだ。ほとんど場合、これでうまくいくのさ。

——"Strength, the strength of many to crush who might stop me, My strength is in number, And my soul lies in everyone" というのは、どのようなシチュエーションを想定していたのですか?

フィル:俺は、非常に早い段階から、パンテラのファンはとても忠誠心が強いということがわかっていた。若い頃、俺はファンに語りかけていた。つまり彼らの言葉を話していると感じていたのさ。パンテラがライヴをやると、非常に激しい状況であっても、そこには愛があった。俺にはそれが感じられたんだよ。他のメンバーも感じていたに違いない。ライヴの真っ最中に、その愛を感じるのは最高の経験だった。みんなが俺たちをサポートしてくれていたんだ。わかるだろ?

——"The releasing of anger can better any medicine under the sun" というのはどういうことなのでしょう。

フィル:薬というのは、人の気分を良くするものだよな? 怒りや攻撃性を解放するというのは、健康的なことなのさ。そのネガティヴなエネルギーを何か生産的なことへと使う場合、特にね。あまりに長い間、ネガティヴな感情を内面に溜めこみすぎたせいで、

Special Interview

酷いことをやってしまった人間はいくらでもいるだろう。酷いことなんてするべきではない。集中して、自分ができる精一杯のことをやるべきなんだ。

——"Can't be the rest" というのはどのような意味ですか？

フィル：ここで言いたかったのは、誰も他人の人生や偉業をまねることなんてできないということ。成るべき人物に成るには、たくさんの努力をしなくてはいけない。近道なんてないんだよ。つまり "Can't be the rest" というのは、自分は自分自身以外の誰にも成れないという意味さ。

——"Let others waste my time" というのはどのような意味なのでしょう。「他人に自分の時間を無駄にさせるべきではない」ということならわかるのですが、「他人に自分の時間を無駄にさせろ」とは、どういうことなのですか？

フィル：怠け者が書いた歌詞だからね、ハハハ。俺が言おうとしたことは、まさに君の解釈通り。「他人に自分の時間を無駄にさせるな」っていうこと。それを怠けて表現したのさ。

——"After life is to death" というのはどういう意味なのでしょうか？

フィル：「あの世」について考えるためには、人はまず死というものを見つめなくてはいけない。あの世と死というのは深い関係にあるからね。まあ俺は無神論者だから、あの世について考えるにあたって、俺の言葉でただ一般論を述べたに過ぎないのだけど。もしかしたらバカバカしい、若気の至り的な表現かもしれないな（笑）。

——"Pulling and punching the rest of duration" というのはどういう意味なのですか？ "The rest of duration" というのは、「残りの人生」ということでしょうか？

フィル：その通りだよ！ 俺たちはみな、いずれ死ぬ。だから、常に戦っていなければいけないという意味さ。

——「Mouth For War」のような歌詞を書くきっかけとなった具体的な出来事が何かあったのでしょうか。

フィル：驚くかもしれないけど、この歌詞を書いているときに、元世界チャンピオン、ボクサーのジェームズ・トニーのことが頭にあったんだ。彼は頑張り屋でね。常にリングでは有言実行だった。彼が大好きだったんだよ。全盛期は本当に凄かったんだ。彼は間違いなく "mouth for war" を実践していたのさ。

フィル・アンセルモ

——あなたの歌詞は、ファンタジー的なメタルのものとは一線を画していますよね。反抗的というか。これはハードコア・パンクからの影響なのでしょうか。

フィル：メタルのいわゆるファンタジックな歌詞ではなくて、もっと現実的なことについて歌いたかったんだ。80年代の終わり頃ね。おそらくはハードコアからのインスピレーションだったと思う。歌詞という観点で俺が好きなアーティストというと、ニック・ケイヴ、デイヴィッド・ボウイ、ピーター・マーフィー（バウハウス）、ロジャー・ミレット（アグノスティック・フロント）、ヘンリー・ロリンズ、ジョン・レノン、その他大勢いるよ。でもベヘリット（フィンランドのブラック・メタル・バンド）の歌詞も大好きなんだよ。それからポータル（オーストラリアのエクスペリメンタル・デス・メタル・バンド）のザ・キュレイターも挙げないわけにはいかないな！　彼の書く歌詞は、本当に素晴らしく狂ってるんだ。俺は色んなアーティストから影響を受けているのさ。

『The Great Southern Trendkill（鎌首）』（96年）発表当時のパンテラ。
RIP　ダイムバッグ・ダレル&ヴィニー・ポール。

Special Interview

冠 徹弥×川嶋未来
(THE 冠)　　(SIGH／本書著者)

取材&文：山本彦太郎

　本書の締めくくりに、THE 冠で活躍するハイパー・ヘヴィメタル・ヴォーカリスト、冠 徹弥と、本書著者である川嶋未来の対談をお送りする。"等身大の日本語"でヘヴィメタルを歌う冠と、海外著名バンドとの交友もある川嶋。その二人が問う、フィクションでありノンフィクションであるヘヴィメタル！

ヘヴィメタルを生み出した70年代というカオス

川嶋未来：個人的な意見ですが、ヘヴィメタルって80年代の産物だと思うんですよ。というのも、例えばプロレスだとかオカルトだとか、僕らが育った70年代って良い意味で無茶苦茶でしたよね。テレビでは『あなたの知らない世界』がやっていて、中岡俊哉（超常現象研究家）や矢追純一（テレビ・ディレクター）、つのだじろう（漫画家）の話を本気で怖がっていた。

冠 徹弥：子供の頃は本当に怖かったですね。テレビでやってることをすべて信じてましたからね。

川嶋：プロレスも、真剣勝負だと思って観ていたし、覆面レスラーは本当に国籍不明だと思っていた。ただ、そういう現象って日本だけではなくて、70年代は世界的にそうだったと思うんです。『エクソシスト』や『オーメン』などが流行っていたわけで、世界中の人がそういう、ある意味アホなものを真剣に信じていた時代だったんですよ。で、そういう人達が80年代に十代になって始めたのがヘヴィメタルだったと思うんです。

冠：僕がまさにそれですね。

川嶋：逆に80年代が過ぎてヘヴィメタルが衰退したのは、その後に産まれた子供たちはそこまでバカじゃなかったから。もっと現実を見ていたからだと思うんですよ。

冠：確かにそうですね。テレビでも裏側を見せたり、よりリアルを求める時代でしたね。プロレス・ファンが格闘技ファンへと移行したのに似てます。

川嶋：80年代にW.A.S.P.が出てきたときも、彼らの「女の先生をレイプして放校になった」といったエピソードを信じていた。プロレスの延長線上ですよね。そもそも、冠さ

んはどういったきっかけでヘヴィメタルを聴き始めたんですか？

冠：きっかけはヴァン・ヘイレンで、当時は MTV で「Jump」がよく流れていて、それを観てギターとかバンドをやりたいと思ったんですね。ただ、実はその前に、僕もプロレスが大好きなんですけど、ロード・ウォリアーズの入場曲がブラック・サバスの「Iron Man」で、あれがヘヴィメタルだとかは知らずにノってたりはしたんです。僕の原点はそこかな、と。

川嶋：ロード・ウォリアーズも本当に怖かったですね。

冠：怖かったです。本当に生肉を食ってると思っていました。ちなみに今の僕の上半身の衣装はロード・ウォリアーズをパクりました。

川嶋：ヘヴィメタルも同じで、音ももちろん大好きなんですけど、そういうバカな世界観に惹かれたんですよね。ちなみにそのときって、歌詞とかは気にしていましたか？

冠：その頃はまったく気にしていなかったですね。どうせお姉ちゃんがどうたらって感じだと思っていましたし。そこから段々とジューダス・プリーストとか激しい音楽が好きになっていきましたけど、メタルがどうこう、光線がなんたらみたいな感じをやんわりとわかったぐらいですね。……オジー・オズボーンはちゃんと歌詞を読んでいたかな。「Mr. Crowley」とか「Diary Of A Madman」には恐ろしい世界観、オカルトっぽい感じがありましたから。そういえば、当時はコピー譜を見てギターを練習していたんですけど、「Diary Of A Madman」のコピー譜にはコードと一緒に歌詞の和訳も載っていたんですね。ただ、出だしの部分が「窓を開けて絶叫。俺はもうすぐ死ぬで」ってなってる。「死ぬで」ってのがなんで関西弁やねんて思いました（笑）。

川嶋：オジーは『Bark At The Moon』の「Centre Of Eternity」とかも怖かったですね。夜に聴くとトイレに行けなくなりそうな感じ。

冠：鐘の音とかですね。ブラック・サバスも、ファースト・アルバムのジャケットなんて心霊写真みたいで怖いですし、曲も悪魔的な音階というか、かなり惹かれました。当時は、オジーは好き好んでコウモリとか鳩を食いちぎっていると思っていましたから。

川嶋：ファンが投げ込んだオモチャのコウモリだと思って噛みついたんですよね。それが本物だったんで慌てて病院に行ったという（笑）。

冠：どこかの記念碑に立ち小便をしたら 666 という数字が浮かび上がってきたとか（笑）。そういうエピソードは本気にしていましたし、プロレス的ですよね。

Special Interview

川嶋：やっぱり繋がっているんですよ。僕がサバスやオジー、悪魔的、オカルト的要素を持ったバンドが好きなのも、原点に『あなたの知らない世界』とかがあるからだとしか思えないんです。

冠：僕のバンドにも「あなたの知らない世界」という曲がありますからね。『あなたの知らない世界』という番組は日本のメタル・ファンに確実に影響を与えてますね。

川嶋：70年代って、まだ戦後だったんですよね。第二次世界大戦の影がまだあった。心霊写真とかも兵隊が写っていたりと、まだ日本にも暗い部分があったし、今とはまったく違いますよね。雪男とか妖精の写真とか、ある種のファンタジーが残っていて、それがヘヴィメタルの世界に入っていくきっかけにもなっていると思うんです。

冠：謎なものに対してずっと興味をそそられていましたね。ネットもなかったあの頃はある種想像を掻き立てるいい時代だったかもしれないですね。

ヘヴィメタルの歌詞と日本人にとってのリアリティ

川嶋：冠さんの歌詞についても伺いたいのですが、「ヘッドバンギン謝罪行脚」は会社勤めの話ですよね？

冠：あの曲は、サラリーマンで、子供も小さい同年代の友達と飲みに行ったときの話が

Profile 冠 徹弥 Tetsuya Kanmuri

1971年生まれ、京都府出身。91年にSo What?を結成し、95年に『So What?』でデビューする。2003年に解散後は自身のソロ・バンドTHE冠を結成し、精力的に活動中。また、テレビやCMのナレーションや舞台俳優としても活躍し、劇団☆新感線の『メタルマクベス』にも出演。
http://www.thekanmuri.jp

◀ THE冠リリース作品
左より、
・『BEST OF THE冠 -肉-』
・『BEST OF THE冠 -骨-』
・『奪冠』
Hyper deathler records より発売中。

"70年代にはまだファンタジーが残っていて それがヘヴィメタルの世界に入っていく きっかけにもなっていると思う"(川嶋未来)

元で、真面目に働いて、時には頭も下げてっていうのがすごくカッコいいと思えたんですよ。昔はサラリーマンなんてと思っていましたけど、僕よりその友達の生き方の方がよっぽどカッコ良かった。それがきっかけですね。

川嶋:「俺なりのペインキラー」も興味深かったです。これは僕も思うんですけど、歌詞で触れているように、なんでテレビで流行っているギャグとかをマネすると、まわりは「面白い!」とか言って持てはやすんでしょうね。理解できないし、気持ち悪い。

冠:そうでしょ〜! これはキャバクラでの実体験ですけど、芸人のギャグをマネするヤツがいて、それを見てゲラゲラ笑う。何がおもろいねん!って感じですよ。

川嶋:だから一回女の子に聞いたことがあるんですよ。「本当に面白いと思ってるの?」って。そうしたら「面白いわけないじゃん」って言うんですよ。コワッ!と思いましたね。

冠:コワッ! ただ、そういうヤツの方がちやほやされますし、それに対して「なんでやねん」っていうのが「俺なりのペインキラー」です。僕の話は受けなくて「何か歌って!」って言われたからジューダス・プリーストの「ペインキラー」を歌ったのにドン引きされるという……。

川嶋:メタル好きにはあるあるネタですね。「パーティーソング」もそうで、僕もパーティーとかが大っ嫌いなんですよ。

冠:気が合いますね〜(笑)。あの曲で共感してもらえるとは思っていなかったですから。

川嶋:でもメタル好きにはあるあるだと思うんですよ。こんな所で時間を無駄にするぐらいだったら家に帰って好きなCDでも聴いていたいって、これまで何度思ったことか。

冠:リア充ではない、オタク的な人に味方する歌ですから。ただ、招待されたときは行ってみようとは思っているんですよ。行く気はあったんですけど、やっぱり面白くない(笑)。メタル・ファンあるあるですね。……意識してなかったですけど、僕の歌詞はそういう傾向があるのか。もうひとつ、雑草魂というか、「なにくそ!」っていう気持ちや普通の人の目線っていうのは、ずっとあると思うんですよね。

川嶋:「民よ」などはそうですね。社会派の歌詞ですし。ヘヴィメタルは、メタリカの

Special Interview

『Master of Puppets』以前は悪魔だセックスだって歌詞ばかりで、社会的なメッセージはパンクの方があったわけですが……。

冠：どっちもあるにはあるんです。バカみたいなテーマで詞を書くこともありますし、普通に社会に対しての鬱憤や葛藤やムカつくことを詞にすることもある。ただ、自分の歌詞は自分が本気で思っていないことは書けないんです。昔は「お姉ちゃんがどうたら」みたいな歌詞も書いてみようと思ったんですけど、どうにも違う。「パーティーソング」だってパーティーが嫌いな人間の歌ですね。モトリー・クルーとかはパーティーが好きじゃないですか。「オールナイト！」なんて歌われても、徹夜はしんどいですもん（笑）。そういう意味では、メタルっぽいメタルの歌詞は、僕は書けないですよ。

川嶋：W.A.S.P. の「I Wanna Be Somebody」は「サラリーマンなんかにはなりたくない」って内容ですけど……。

冠：「ヘッドバンギン謝罪行脚」はサラリーマンはカッコいい、戦士だっていう歌ですからね。それが僕の本心ですし、共感を得る時もあればメタルっぽくないと言われることもよくあります。僕のライヴを観に来てくれるファンの中でも、音だけ求めて歌詞は気にしないっていう人もいますからね。

川嶋：英語の歌だと意味がわからないからっていうのはあるでしょうけど、日本語の詞だったら意味やイメージが入ってきますよね。それでも歌詞は気にならないんですかね。

冠：ヘヴィメタルに歌詞は求めないっていう人もいるんですよ。まあ、僕も『奪冠』という新しいアルバムでは、「ライヴは好きに盛り上がって、歌詞は家に帰ってじっくり読んでくれ」っていうメッセージの曲を書いたりしていますけど、THE 冠は歌詞やろ！っ

Profile　川嶋未来 *Mirai Kawashima*

1970年1月、ブラック・サバスのデビュー・アルバムよりも1か月ほど早く生まれる。エクスペリメンタル・メタル・バンド SIGH のヴォーカル、キーボード、フルート担当として、これまでに11枚のアルバムを発表。主にエクストリーム・メタル系の音楽ライターとして、インタビュー取材、ライナーノーツ執筆、歌詞対訳なども手掛ける。
sighjpn@gmail.com
twitter.com/sighmirai

"自分の歌詞は自分が本気で思っていないことは書けない そういう意味では、メタルっぽいメタルの歌詞は 僕は書けないですよ"(冠 徹弥)

て思っています。

川嶋:「花占い」のメリケンサックとメルヘンチックみたいに、語感とかもすごく練られていますよね。

冠:そうなんですよ。何回も書き直したり、もっと良い言葉がないか考えたりしていますんで、気づいてもらいたいんですよね。

――先ほどのメタルっぽい歌詞という点では、悪魔やドラゴンなどはよく出て来るキーワードですけど、そういうのも冠さんご自身にとってはちょっと違うものですか?

冠:「何で言うたんや」っていう曲では鬼とか生贄のヤギなんてことを歌っていますけど、そのあとに「そんなの全然思いません」って書いていますからね(笑)。

川嶋:そういう意味では悪魔って日本人にはちょっと遠いですよね。日本人だと中二病感が出てしまいますけど、そこが欧米人は違う。というのも、キリスト教の世界では世の中の決まりはすべて神様が決めていて、そういう中で子供の頃から育ってきている。結局、悪魔っていうのは社会や先生、親への反抗の延長線上にあるものだと思うんです。それと、逆に日本人で良かったなと思うのが、例えば「交通事故で身体が半分にちぎれて」みたいな歌詞を母国語で聴いていたら楽しめないんじゃないかってこと。もし母国語だったらちょっと気持ち悪くなるか笑ってしまうかすると思うんです。

冠:そうですよね。日本人だからこそ英語の意味はわからないけど響きだけで楽しむことができますし、日本語で「殺す」や「血みどろ」みたいね歌詞だったらなかなかテレビやラジオでオンエアしてもらえない(笑)。

――さて、最後にヘヴィメタルの歌詞という点で総括したいのですが……。

冠:ライヴに行ったり単に聴いて楽しんだりっていうときは、特に歌詞を気にしなくても良いと思います。ただ、どこかで一回立ち止まって、「何を言っているんやろ?」って歌詞を見てみることがあっても良いと思う。無茶苦茶だったり恐ろしかったり笑えたりするのもあるんだけど、それも含めヘヴィメタルというエンターテインメント。実は生きる上で力になるワードが多く隠されているんです。特に俺の歌詞は。

意味も知らずにヘヴィメタルを叫ぶな！

歌詞とイラストに加え、思わず口にしたくなる英語フレーズ付き

著者 ───── 川嶋未来

2018年12月15日 第1版1刷発行
定価（本体1,600円＋税）
ISBN 978-4-8456-3331-9

発行所 ───── 株式会社リットーミュージック
〒101-0051
東京都千代田区神田神保町一丁目105番地
https://www.rittor-music.co.jp/
発行人 ───── 松本大輔
編集人 ───── 永島聡一郎

乱丁・落丁などのお問い合わせ
TEL：03-6837-5017 / FAX：03-6837-5023
service @ rittor-music.co.jp
受付時間／10:00-12:00、13:00-17:30
（土日、祝祭日、年末年始の休業日を除く）

書店様・販売会社様からのご注文受付
リットーミュージック受注センター
TEL：048-424-2293 / FAX：048-424-2299

本書の内容に関するお問い合わせ先
info @ rittor-music.co.jp
本書の内容に関するご質問は、Eメールのみでお受けしております。お送りいただくメールの件名に「意味も知らずにヘヴィメタルを叫ぶな！」と記載してお送りください。ご質問の内容によりましては、しばらく時間をいただくことがございます。なお、電話やFAX、郵便でのご質問、本書記載内容の範囲を超えるご質問につきましてはお答えできませんので、あらかじめご了承ください。

編集 ───── 山本彦太郎、坂口和樹
装丁／レイアウト ── 下山 隆・長谷川文香（Red Rooster）
イラスト ───── ヨコオ アキ（ex rich + famous）

印刷所 ───── 中央精版印刷株式会社

©2018 Rittor Music Inc.
Printed in Japan
本書記事／写真／図版などの無断転載・複製は固くお断りします。

©Mirai Kawashima

※落丁・乱丁本はお取替えいたします。本書記事／写真／図版などの無断転載・複製は固くお断りします。

JASRAC 出 1813368-801